STUTTGART

Color Collection Städte

COLOR COLLECTION GMBH, D-8036 HERRSCHING/AMMERSEE

Stuotgarten

Stuttgart stand bis weit ins Mittelalter hinein im Schatten des viel älteren und damals weitaus bedeutenderen **Cannstatt.** Hier hatten die Römer zum Schutze ihrer Straßen vom Rhein zur Donau durch das Neckartal und durch das Remstal am Ende des 1. Jahrhunderts n. Chr. ein Kastell errichtet, dem sich bald eine bürgerliche Siedlung anlehnte. Diese Siedlung war nicht nur militärischer Stützpunkt und Verwaltungsmittelpunkt der Römer; sie behielt ihre Bedeutung auch in der alemannischen Zeit. Nahebei befand sich der Gerichts- und Versammlungsort der umwohnenden Hundertschaft der Alemannen. Hier wurde im Jahre 746 durch den Franken **Karlmann** das sogenannte **Blutgericht** an den aufsässigen Alemannen vollzogen. Erst viel später trat Stuttgart in das Licht der Geschichte.
Der Überlieferung nach soll Herzog Liutolf von Schwaben um 950 in einer Talerweiterung des Nesenbachs einen „Stuotgarten", also ein Gestüt, angelegt haben, das der sich im Anschluß hieran entwickelnden Siedlung und späteren Stadt den Namen gab. Urkundlich belegt ist dieser Name erstmals um 1160 durch einen Edelherrn namens Hugo de Stukarten. Die Siedlung „Stutkarten" selbst wird in einer Urkunde vom Jahre 1229 zum ersten Mal genannt. Das älteste bekannte Siegel der Stadt in einer Urkunde vom Jahre 1312 zeigt einen Schild mit zwei übereinander angeordneten Pferden; die Wappenfigur wird später auf ein Pferd reduziert. Die Siedlung kam in den Besitz der „Herren von Württemberg", die sich auf dem „Wirtemberg" (über Stuttgart-Untertürkheim) eine Burg erbaut hatten und hiervon ihren Namen ableiteten.
In der ersten Hälfte des 13. Jahrhunderts entwickelte sich Stuttgart zur Stadt. Graf Eberhard I. (1279–1325) verteidigte sich 1286 und 1287 in der Stadt gegen König Rudolf von Habsburg. In einer Urkunde von 1286 werden erstmals Schultheiß und zwölf Richter genannt; auch der Ausdruck „Bürger" (cives) kommt hier erstmalig vor. Im Reichskrieg Kaiser Heinrichs VII. gegen den württembergischen Grafen fiel Stuttgart von 1311–1315 an die Reichsstadt Esslingen. Nach dem Ende dieser kriegerischen Auseinandersetzung verlegte Eberhard I. 1321 das Familienstift und die Grabstätte seiner Ahnen von Beutelsbach nach Stuttgart.
Stuttgart umfaßte etwa das Gebiet, das heute von der Königstraße, Eberhardstraße, Karlstraße und Planie begrenzt wird. Im 14. Jahrhundert entstand im Anschluß hieran im Südosten um die Leonhardskapelle die Leonhards- oder Esslinger Vorstadt, im 15. Jahrhundert im Nordwesten die Liebfrauen- (nach einer Marienkapelle) oder Turnieracker-Vorstadt, die im 16./17. Jahrhundert allmählich den Charakter einer „reichen" Vorstadt bekam.
Unter **Graf Ulrich V.** (1433–1480) erlebte Stuttgart seine erste große Blüte. 1450 erstand am Markt das gräfliche Herrenhaus, 1456/58 daneben das bürgerliche Rathaus. Die Stiftskirche wurde zu einer spätgotischen Hallenkirche umgebaut. Bis 1806 blieb sie in ausschließlichem Besitz der Pfarrechte in Stuttgart. Die Leonhardskapelle wurde ersetzt durch eine dreischiffige Anlage, und in der oberen Vorstadt gründete man 1473 ein Dominikanerkloster, dessen Kirche seit der Reformation den Namen Hospitalkirche trägt. Bei allen drei Kirchen waren Hänslin und Aberlin Jörg die maßgebenden Baumeister. 1482 wurde Stuttgart offiziell zur Haupt- und Residenzstadt erklärt, 1495 Württemberg zum Herzogtum erhoben. Cannstatt aber, das erst 1330 durch Kaiser Ludwig den Bayern Stadtrecht erhielt, war zu dieser Zeit von dem so viel jüngeren Stuttgart längst überflügelt.
Unter der Regierung des unruhigen Herzogs Ulrich (1503–1519 und 1534–1550) wurde das Land von mehreren Kriegen erschüttert. Der Aufstand des **„Armen Konrad"** (1514) und der Bauernkrieg (1525) wirkten auch in die Landeshauptstadt hinein. Von 1520–1534 geriet Stuttgart überdies unter österreichische Herrschaft.
1534/35 führte das Land die Reformation ein. Langsam kamen Land und Stadt wieder zur Ruhe. In der zweiten Hälfte des 16. Jahrhunderts erreichte die Bautätigkeit einen neuen Höhepunkt. Unter Herzog Christoph (1550–1568) wurde die alte Wasserburg von Aberlin Tretsch nahezu vollständig umgebaut und vergrößert. Der schöne Arkadenhof des **Alten Schlosses** ist eine berühmte Sehenswürdigkeit der deutschen Renaissance. Nordöstlich des Schlosses entstand unter Herzog Ludwig (1568–1593) ein Lustgarten, den Georg Beers Neues Lusthaus als architektonisches Glanzstück zierte.

Innendeckel: Blick auf Stuttgart im Frühling von der neuen Weinstiege aus.
Haupttitel: **Schloß Solitüde,** bei Leonberg auf einer Anhöhe liegend, ist durch eine direkte Straße mit Schloß Ludwigsburg verbunden.
Rechts: Der Innenhof des **Alten Schlosses** besticht durch seine Laubengalerie, deren Bögen von kannelierten Säulen getragen werden.

Inside cover: View of Stuttgart in springtime as seen from the vineyards.
Main title: From **Solitude Castle** located near Leonberg on a hillock a direct street leads to the nearby Ludwigsburg castle.
Right: Charming characteristics of the **Old Castle's** inner court: the three-storey arcade gallery with its arcs and fluted pillars.

Königliche Residenzstadt

Den allgemeinen Aufschwung der Stadt spiegelt auch die Zunahme der Bevölkerung wider. Für das Jahr 1400 schätzt man etwa 4000 Einwohner in der Stadt. Bis 1589 stieg diese Zahl auf 9000. Die wirtschaftliche Grundlage der Bevölkerung bestand vor allem im Weinbau. Rings um den Talkessel erhoben sich Weinberge, während die schmale Talsohle nur einen geringen Akkerbau gestattete. Das vorhandene Handwerk war stark auf den Hof ausgerichtet.

Der Dreißigjährige Krieg brachte auch Stuttgarts Aufschwung zum Stillstand; 1648 hatte sich die Einwohnerzahl auf nur noch 4500 reduziert. Nur allmählich erholten sich Land und Residenz von den Kriegsfolgen.

Mit der Gründung von **Ludwigsburg** unter Eberhard Ludwig (1693–1733) erwuchs Stuttgart als Residenz eine gefährliche Konkurrenz. Erst unter Karl Eugen (1744–1793) erhielt Stuttgart wieder seine alte hauptstädtische Stellung. Karl Eugen gab den Auftrag zum Bau des **Neuen Schlosses,** das von Retti de la Guêpiére und R. F. H. Fischer im Stil des Spätbarock und des Rokoko geschaffen wurde. 1775 überführte Karl Eugen die öffentliche Bibliothek von Ludwigsburg nach Stuttgart. Die von ihm geplante und angelegte „militärische Pflanzschule" verlegte er im gleichen Jahr von der Solitude nach Stuttgart. Als **Hohe Karlsschule** ging sie in die deutsche Wissenschaftsgeschichte ein und verlieh ihrem Gründer den Ruf eines aufgeklärten, weisen Monarchen.

Friedrich Schiller erhielt in der Karlsschule von 1773–1780 seine Ausbildung zum Militärarzt, hier schrieb er sein Erstlingswerk „Die Räuber". Wichtig für das geistige Leben in der Residenz war neben dem Interesse des Herzogs an der Pädagogik und Bildung auch seine Fürsorge für Theater, Musik und Kunst. Durch den Bau von guten Chausseen schloß Stuttgart sich auch verstärkt an den großen Durchgangsverkehr an, und ab etwa 1705 erhielt die Stadt eine dauernde Poststation. Ende des 18. Jahrhunderts zählte Stuttgart schon rund 20 000 Einwohner.

1803 erhielt der regierende Herzog Friedrich II. (1797–1816) den Kurfürstenhut, am 1. Januar 1806 die Königswürde. Stuttgart wurde damit Königliche Residenz in einem durch den Anfall zahlreicher Territorien gewaltig vergrößerten Land. Die alten Mauern und Tore der Stadt fielen den ehrgeizigen Bauplänen des Königs zum Opfer. Der „Große Graben" wurde zur Prunkstraße, zur „Königstraße", ausgebaut (1811). Ganze Stadtviertel konzipierte des Königs Baumeister Thouret neu. Von 1805–1818 legte er die „Königlichen Anlagen" in englischem Geschmack an.

Die gleiche Baulust beseelte auch Friedrichs Nachfolger, Wilhelm I. (1816–1864). Er ließ sich von Salucci auf dem Platz der einstigen Stammburg Wirtemberg eine Grabkapelle (1820–1824) erbauen. Salucci schuf über dem Neckar bei Cannstatt außerdem das Königliche Landhaus **Rosenstein** (1825–1829) und in der Stadt selbst das **Wilhelmspalais** (1834–1839). Thouret hingegen erbaute 1825–1827 den Cannstatter Kursaal in vornehm schlichter Klassizistik.

Von Ludwig Zanth stammt die in maurischem Stil gehaltene **Wilhelma,** und auf Christian Leins gehen die **Villa Berg** sowie der **Königsbau** gegenüber dem Neuen Schloß zurück. An weiteren Staatsgebäuden entstanden in dieser Zeit das Staatsarchiv, das Museum der bildenden Künste, die Landesbibliothek und die Münze. Stuttgart war nun unbestrittener kultureller Mittelpunkt des Landes.

Viele begnadete Künstler wie Schwab, Hauff, Uhland, Mörike, Lenau, Herwegh, Freiligrath und Raabe lebten zeitweise in Stuttgart; einige haben hier ihre letzte Ruhestätte gefunden.

Die in der zweiten Hälfte des 19. Jahrhunderts aufkommende Industrie wandelte das wirtschaftliche und soziale Gefüge der Stadt grundlegend. Schon König Friedrich hatte die ersten Schritte getan, das Wirtschaftsleben seiner Residenzstadt zu fördern. Ein spürbarer Aufschwung von Industrie und Handel setzte jedoch erst nach dem Abschluß des Zollvereins im Jahre 1834 ein. Von ausschlaggebender Bedeutung war hierbei der Ausbau des Eisenbahnnetzes, an das Stuttgart sich anschloß. In Stuttgart entstand in diesen Jahren eine bedeutende chemisch-pharmazeutische Industrie sowie eine Farben- und Maschinenindustrie. 1810 hatte J. P. Cotta seinen Verlag von Tübingen nach Stuttgart verlegt, das mit diesem und den Verlagen Hallberger und Kröner auf dem Gebiet des Buchdrucks und Buchhandels zu einem Mittelpunkt des geschriebenen Wortes im südwestdeutschen Raum wurde. Auch die Instrumentenfabrikation – insbesondere der Klavierbau – entwickelte sich zügig und erreichte weites Ansehen.

Rechts: Das **Alte Schloß** war im 13. Jahrhundert ursprünglich als Wasserburg konzipiert, an die noch ein Mauerrest am Schillerplatz erinnert. Im 14. Jahrhundert folgte der südliche Teil. Der Rest entstand im 16. Jahrhundert. 1572 und 1687 wurde der markige Schloßbau durch drei runde Ecktürme erweitert. Heute ist das Alte Schloß Sitz des Württembergischen Landesmuseums.

Right: The **Old Castle,** developed from a water castle, which was built in the 13th century. In the 14th century the southern wing followed. All other parts of the castle were built in the 16th century. In the years 1572 and 1687 the imposant building was enlarged by three round corner towers. Today the Old Castle houses the Württemberg State Museum.

Das moderne Stuttgart

Der wirtschaftliche Aufschwung des 19. Jahrhunderts setzte sich auch nach der Reichsgründung stürmisch fort. In den 80er Jahren wurden die Grundlagen für die Bosch-Werke in Stuttgart und die Daimler-Werke in Cannstatt gelegt. Beide tragen seitdem den Namen ihrer Heimatstadt in alle Welt.
Ende des 19. Jahrhunderts war Stuttgart mit rund 175 000 Einwohnern zur Großstadt herangewachsen. 1905 begannen die ersten großen Eingemeindungen. Cannstatt, das durch seine reichen Mineralquellen als Kur- und Badeort im 19. Jahrhundert fast internationale Bedeutung gewonnen hatte, sowie Untertürkheim und Wangen kamen zu Stuttgart. Mit ihnen erreichte die Stadtmarkung jetzt den Neckar. 1908 wurde Degerloch eingemeindet und damit ein erster Schritt auf die Filder gesetzt.
Der I. Weltkrieg, die Revolution 1918, die die Abdankung des allseits beliebten Königs Wilhelm II. zur Folge hatte, und die Inflation hemmten nur kurze Zeit die Entwicklung des Wirtschaftskörpers Groß-Stuttgart.
In den ersten Jahrzehnten des 20. Jahrhunderts entstanden in Stuttgart mit dem Kunstgebäude, dem Großen und Kleinen Haus der Württembergischen Staatstheater, dem neuen Bahnhof, dem Tagblatt-Turmhaus und dem Kaufhaus Schocken sowie der Weißenhofsiedlung Bauwerke, die die Stuttgarter Bauschule und Baugesinnung weltberühmt machten.
Der II. Weltkrieg zog auch Stuttgart – wie so viele Städte – in Mitleidenschaft. Nach den ersten Angriffen von 1940 folgten die Großangriffe von 1943 und 1944, die die Innenstadt fast vollständig zerstörten. Nach 53 Luftangriffen war Stuttgart zu mehr als 60% zerstört.
Die Zeit des Wiederaufbaus begann im amerikanischen Besatzungsgebiet – wie überall in Deutschland – mit der Trümmerbeseitigung und dem Schaffen neuen Wohnraumes. 1950, nur fünf Jahre nach dem schrecklichsten aller Kriege, fand als erster Höhepunkt des Wiederaufbauwillens der Stadt die Deutsche Gartenschau in Stuttgart statt.
Schon nach dem I. Weltkrieg hatte es Bestrebungen gegeben, die Länder Baden, Württemberg und den Regierungsbezirk Hohenzollern zu vereinigen. In einer Volksabstimmung entschieden sich am 6. 12. 1951 Nord-Baden, Nord- und Süd-Württemberg für und Südbaden gegen eine Vereinigung, die damit durch Mehrheitsbeschluß vollzogen wurde. Am 25. 4. 1952 wählte das Land mit Reinhold Maier (F. D. P.) den ersten Ministerpräsidenten des Landes.
Die während des Krieges zerstörten historischen Gebäude wurden nach und nach wieder aufgebaut, mit Ausnahme des Kronprinzenpalais, an dessen Stelle 1967 der Kleine Schloßplatz mit seinem Verkehrs- und Geschäftszentrum entstand.
Neue Akzente der städtischen Architektur setzten die Neubauten des Landtages, der Landesbibliotek und des Hauptstaatsarchivs. Auf dem Bopser entstand 1954–1956 das neue Wahrzeichen der Stadt, der über 200 Meter hohe Fernsehturm des Süddeutschen Rundfunks.
1958 eröffnete die Stadt den Stuttgarter Neckarhafen, wodurch der umliegende Wirtschaftsraum an das europäische Wasserstraßennetz angeschlossen und mit den großen Seehäfen verbunden wurde.
Einen futuristisch-modernen Touch erhielt die Stadt durch Stuttgarts „Fenster zum All“, dem Planetarium, eines der sehenswertesten Attraktionen der Stadt.
Aber auch in der Wohnarchitektur beschritt die Stadt neue Wege. Am Hang des Killesberges entstand als Markstein moderner Wohnkultur die hart umstrittene Musterstadt der Weißenhofsiedlung der zwanziger Jahre. Nicht der Fernsehturm, nicht das Schloß, nicht die Stiftskirche ist das bekannteste Baudenkmal der Stadt. Es ist die „Versuchssiedlung“ am Weißenhof aus dem Jahre 1927, die in einer Arbeitsgemeinschaft des Deutschen Werkbundes entstand. Nicht die Einheimischen – die Touristen sind es aus Japan, Amerika und Skandinavien, die mit dem Bus das „Araberdorf“, wie es die Kritiker spöttisch titulieren, besichtigen und fotografieren.
In den dreißiger Jahren sollte die „Kulturschande“ durch einen riesigen Wehrmachtskomplex ersetzt werden. Der II. Weltkrieg verhinderte dies. Nach dem Krieg vernachlässigte der neue Eigentümer – die Bundesvermögensstelle – die Bausubstanz, und erst unter dem starken Druck der Öffentlichkeit und lauten Protesten aus aller Welt wurde 1958 die Siedlung – oder das, was von ihr übrig blieb – unter Denkmalschutz gestellt.

Rechts: Altes und Modernes liegen dicht beieinander. Nur unweit des Alten Schlosses (Seite 9) liegt das Stuttgarter **Rathaus** am Marktplatz; ein moderner Zweckbau, dessen Turm mit seinen gotisierenden Formen zum Wahrzeichen einer neuen Zeit wurde. Im Uhrturm befindet sich ein Glockenspiel. Im Vordergrund steht der gußeiserne Thouretbrunnen von 1814.

Right: Only a few steps separate past and modern times: located near the Old Castle (page 9) the visitor will find the **Town Hall** of Stuttgart at the market-place, a modern, functional building, whose Gothic tower and a carillon inside has become a landmark of a new age. In the foreground the cast-iron well created by famous Thouret in 1814.

Hotel

Oben: Nichts symbolisiert den Wandel Stuttgarts zur modernen Metropole so, wie der beinahe futuristisch anmutende Bau der **Neuen Staatsgalerie,** die im März 1984 eingeweiht wurde. Der 90-Millionen-Mark-Bau des englischen Architekten James Stirling sollte „Kunst unter das Volk" bringen und die in Archiven und Sammlungen schlummernden Kunstschätze der Öffentlichkeit zugänglich machen.
Rechts: **„Platzmale"** nennen die Stuttgarter diese modernen Kunstwerke, die als gestalterische Mittel zur Auflockerung der modernen Architektur geschaffen wurden. Dieses Platzmal von Otto Herbert Hajek steht auf dem **Kleinen Schloßplatz.**

Above: There can be no better symbol of demonstrating the development of Stuttgart to a modern metropolitan city than the **New State Gallery.** This 90-million-DM-building, realized according to the plans of the English architect James Stirling and inaugurated in March 1984, conveys an almost futuristic impression. The project claims to popularize art and to make works of art accessible to the general public.
Right: **„Platzmale"** (square marks) the citizens of Stuttgart call the modern works of art, which were created as a means of breaking up modern architecture. This "Platzmal", created by Otto Herbert Hajek, stands on **Kleiner Schloßplatz.**

BADEN
TEMBERGISCHE BANK
BW BANK
2. OPEN AIR

Plätze, Parks und Panoramen

Die Schönheit einer Stadt ist auch an der Schönheit ihrer Plätze zu messen. In Stuttgart allen voran: Schloßplatz und Schillerplatz. Nach Osten hin, eingerahmt vom Neuen Schloß, repräsentiert der **Schloßplatz** Stolz und Würde der einstigen königlichen Residenz. Mit Springbrunnen, Kastanien, Musikpavillon und Jubiläumssäule darf er als einer der schönsten in deutschen Landen gelten. Noch stärker an das alte Stuttgart erinnert der benachbarte **Schillerplatz,** wo das Alte Schloß, die Stiftskirche, Fruchtkasten und Alte Kanzlei eine vielhundertjährige Geschichte spüren lassen. Beide Plätze sind so typisch „Stuttgart", wie das üppige Grün der Anlagen und Parks, die sich, wie der Schloßgarten, von der Stadtmitte aus kilometerweit bis an den Neckar in Bad Cannstatt ziehen.

Zwei Bundesgartenschauen, 1961 und 1977, haben dem Schloßgarten den „letzten Schliff" gegeben. Hydeparkähnliche Rasenflächen verbinden sich seitdem mit lieblichen Seen, gewaltigen Bäumen, modernen Skulpturen und gemütlichen Plätzen. Und auch die „Wilhelma", Deutschlands einziger zoologisch-botanischer Garten, dessen Besucher selbst von weither anreisen, trägt ihr Teil dazu bei, daß die Natur in dieser Stadt in beglückender Weise dominiert.

Wiesen, Rasen, Reben, Wald und Ackerland bedecken mehr als die Hälfte der gesamten Stadtfläche. Dazu gehören die Silberberganlagen, der Weißenburgplatz, der Park der Villa Berg und der **Killesberg.**

So ist Stuttgart eine Freizeitstadt, deren Panoramen auch jene immer aufs neue fesseln, die mit dieser Stadt längst vertraut sind.

Spätestens wenn der Gast an der kostenlosen Stadtrundfahrt „Das schöne Stuttgart" teilgenommen hat, wird er sich wie ein Urlauber fühlen. Es liegt ihm eine Stadt zu Füßen (Höhenunterschied innerhalb des Stadtgebietes über 340 Meter), die von jeder anderen deutschen Großstadt und manchem Kurort um ihre einzigartige Lage beneidet wird: rundum Wälder und Weinberge, Wald- und Höhenwege, Aussichtspunkte, alte Villen und moderne Bungalows, exotische Bäume, Trimm-Dich-Pfade und kühne Panoramastraßen – und das alles zum Nulltarif, der übrigens auch in den meisten der zahlreichen Museen und Galerien selbstverständlich ist.

Freunden klassischer Musik werden die stimmungsvollen „Sommerlichen Serenaden" im Hof des Alten Schlosses (Mitte Mai bis Ende August bei freiem Eintritt) ein Erlebnis sein.

Fast mediterran ist der Anblick, wenn man sich der Stadt vom Flughafen her durch dichten Wald über die Neue Weinsteige nähert: Mit einem Mal liegt der tiefe und weite Kessel, der von der Stadt ausgefüllt wird, vor dem Besucher. Serpentinenstraßen, wie man sie sonst nur auf Urlaubsreisen kennenlernt, winden sich da hinunter, wohin der Fußgänger in der halben Zeit gelangt, wenn er eine von den vielen, zum Teil schwindelnd steilen „Staffen" benutzt; oder sie führen als „Panoramastraßen" kaum an Höhe verlierend durch die ebenso schönen wie teuren Hanglagen, aus denen an vielen Stellen die dunklen, hohen Türme der hier auffallend gut gedeihenden kalifornischen Mammutbäume ragen.

Addiert man in Gedanken das Park- und Waldgrün zusammen, das sich da und dort auch noch in der Mitte des Kessels behauptet und viele der Aussichtshänge und -hügel überzieht, werden die 53% klar, die laut Statistik von dem 207 km² großen Stadtgebiet auf Wälder, Weinberge und Ackerland, Gärten und Grünanlagen entfallen.

Eine Stadt, die mit solchen natürlichen Vorzügen aufwarten kann, ist für Gäste natürlich bestens gerüstet. Die leistungsfähige Hotellerie hält rund 7000 Betten bereit, vom Luxushotel bis hin zum gutbürgerlichen Gasthof. Auch das gastronomische Angebot ist äußerst vielfältig: Spezialitätenrestaurants aus zwei Dutzend Ländern wetteifern mit der schwäbischen Küche, die in zahlreichen Gaststätten und Weinstuben engagiert gepflegt wird.

In Stuttgart verweilen heißt, in einer Stadt verweilen, die vielen großen Geistern Lebens- und Wirkungsraum bot. Für Schiller bedeutete Stuttgart allerdings eine Leidensstadt; daß seine „Räuber" hier entstanden, war sicher kein Zufall. Der große Philosoph Hegel kam hier zur Welt wie auch Cotta, der Verleger Goethes und Schillers. Männer wie Gottlieb Daimler und Robert Bosch sind ebenfalls untrennbar mit dieser Stadt verbunden. In die Reihe großer Stuttgarter Namen gehören aber beispielsweise auch Leitz, Porsche, Reclam, Baumeister, und (ein Narr, der darüber lacht!) ein Herr Lindauer, der als Erfinder des modernen Büstenhalters gilt.

Rechts: Stolz und Würde der ehemaligen königlichen Residenz werden durch die großzügigen Plätze mit ihren Springbrunnen und Grünanlagen in das moderne Zeitalter hinübergetragen. Im Herzen der Stadt, zwischen der prachtvollen Königstraße und dem Neuen Schloß, steht dieser Puttenbrunnen und erinnert an die einstige Pracht der königlichen Residenz.

Right: Spacious squares with their fountains and beautiful flowergardens convey some of the dignity and pride of the royal residence into the modern age. A touch of its former splendour represents this putti well in the heart of the city between the Königstraße and the New Castle, the residence of the Dukes and Kings of Württemberg from 1775–1891.

Oben: Das Mitte des 18. Jahrhunderts erbaute **Neue Schloß,** wurde zunächst als Rokokobau konzipiert, nach einem Brand im Louis-Seize-Stil wiederaufgebaut und später im Empire-Stil umgebaut. Das Schloß war Sitz des Herzogs und später des Königs. Heute ist der Gebäudekomplex Repräsentationsgebäude der Landesregierung und Sitz zweier Ministerien.
Rechts: Inmitten des von der Alten Kanzlei und dem Fruchtkasten eingerahmten Schillerplatzes steht das **Schillerdenkmal.** Zu seinen Füßen sorgt der Blumenmarkt dienstags, donnerstags und samstags für buntes Treiben. Im Hintergrund die sehenswerte **Stiftskirche.**

Above: The **New Castle** was originally built in rococo style in the middle of the 18th century. After a fire it was rebuilt in Louis-XVI-style and later altered into Empire-style. The dukes and later the king chose the castle for their residence. Today the entire complex serves representation purposes.
Right: In the middle of the **Schiller Square** stands the monument of the great German poet Schiller. To his feet a flower market bustles with activity every Tuesday, Thursday and Saturday. In the background rises the Collegiate Church as well as the Old Chancellery and the "Fruchtkasten", a medieval storehouse.

Oben: Wo einst quietschende Straßenbahnen und Moloch Verkehr das Stadtbild verunzierten, bilden großzügige Grünanlagen auf dem neugestalteten Schloßplatz eine Oase der Ruhe im Herzen der Stadt. Die **Jubiläumssäule** wurde aus Anlaß des 60. Geburtstags und 25-jährigen Regierungsjubiläums König Wilhelms I. geschaffen. Im Vordergrund der ebenfalls neugestaltete **Kleine Schloßplatz,** auf dem sich vor dem Krieg das Kronprinzenpalais befand.
Rechts: Vor der **Alten Kanzlei** steht die Merkursäule, die im 16. Jahrhundert als Wasserturm für die Schloßgarten-Anlagen gebaut wurde. Links im Hintergrund die Stiftskirche.

Above: In the past, squeaking trams and heavy traffic spoiled the townscape. Today the castle square has become a quiet and peaceful place in the heart of the city. The **Jubilee Monument** in the middle of the square was built on the occasion of the 60th birthday of King Wilhelm I. and his jubilee of 25 years of regentship. In the foreground the **Little Castle Square,** site of the crown prince palais until the Second World War, when it was destroyed.
Right: In front of the **Old Chancellery** stands the Mercury monument, which was built in the 16th century and served as a water tower for the castle gardens. In the background on the left the Collegiate Church.

KLAIBER

Oben und rechts: Viele der aus den Jahrhunderten glanzvoller Geschichte gewachsenen Denkmäler und Bauten wurden im Zweiten Weltkrieg zerstört. Auch die organisch gewachsenen Stadtgebilde wurden entweder ein Opfer des Krieges oder der Bausünden in der Phase des Wiederaufbaus in den fünfziger Jahren. Zur Belebung einer neuen Architektur, die Altes mit Modernem verbindet, schufen die Stadtväter neue gestalterische Mittel zur Auflockerung der Stadträume. Die von Prof. Hajek geschaffene Plastik (oben) steht vor dem Leuze-Bad, die Kalder Metallplastik (rechts) beim Schloßplatz. Sie erklären – laut Hajek – den Platz zum „plastischen Raum".

Above and right: Many of the historical monuments and buildings have been destroyed during the Second World War. And also the loss of the grown structures of the townscape is due to the consequences of the war or mismanagement in the period of Germany's recovery in the fifties. In order to encourage a new architecture, combining the new with the old, the city fathers looked for new means to break up the townscape. The plastic created by Professor Hajek (above) stands in front of the Leuze Bath, the metal plastic created by Kalder (right) at the Castle Square. They make–according to Hajek–the place to a "plastic zone".

POSTSCHECKAMT
Auf zum 136. Cannstatter Volksfest 26.9.–11.10.1981
KLEINER SCHLOSSPLATZ

Die Mentalität der Schwaben, das Schaffen und das Feiern in ein gesundes Verhältnis zu bringen und – wo immer möglich – miteinander zu verbinden, hat auch die City der Stadt mit geprägt. Französische Bistros, amerikanische „Hamburger Joints", italienische Pizzerias oder – wie rechts – ein Boulevard-Café vor dem **Königsbau** unterstreichen die Internationalität der neu-schwäbischen Gastronomie. Straßenfeste allerdings, wie dieses auf dem **Schillerplatz** (Bild oben), die Hocketse, Brezelfeste, Märkte und Kirchweihn, wurzeln tief in der Gabe des Schwaben, nicht nur „feste zu arbeiten", sondern eben auch „Feste zu feiern".

Wherever and whenever possible the Swabians try to realize a sound combination of work and leisure. This mentality characterizes also the city of Stuttgart. French bistros, Hamburger joints, Italien pizza huts or–as to be seen on the right picture–a boulevard café in front of the **Königsbau** stand for the internationality of the new Swabian gastronomy. The Swabians are known as industrious, but they also deeply enjoy convivial festivities in the street–be it on the **Schiller Square** (picture above) or elsewhere, be it at a fair, a kermis or a pretzel market or during the annual beer festival in September/October (p. 34).

DRESDNER BANK
Dresdner Bank

Die City

Die tief in des Schwaben Mentalität wurzelnde Gabe und Gepflogenheit, das Schaffen und das Feiern, wo immer möglich, miteinander in Einklang zu bringen, hat auch die City der baden-württembergischen Landeshauptstadt geprägt. Und der vielbesungene Stuttgarter „Kesse" – jene von hohen Waldbergen umschlossene Ideal-Lage einer Großstadt – hat da „natürlich" Pate gestanden.
Einkauf – wie Einkehrgelegenheiten eröffnen sich einem schon bei einem kurzen City-Bummel auf Schritt und Tritt. Aber zu einem „echten Knüller" – um in der Sprache der Jahrgänge zu reden, die laut Statistik das meiste Geld ausgeben – ist das Bummelvergnügen in Stuttgart erst durch die vielen vom Hauptbahnhof bis hinauf zur Marienstraße reichenden Fußgängerzonen geworden.
„Shoppt" man etwa in der unteren Königstraße los und hat es auf ein Paar neue Schuhe abgesehen, dann hat man auf der ganzen Länge von Stuttgarts Bummel- und Shopping-Meile die Wahl unter mehr als 30 Geschäften (was übrigens, wenn auch inoffiziell, Rekord bedeuten soll). Ähnliches gilt für die hier ebenfalls auffallend gut repräsentierte Lederwaren-Branche, die jedoch auch am **Marktplatz,** in der Calwer Straße und -Passage bemerkenswerte Ableger hat. Das gleiche gilt für Kosmetika. Die Duftspur der Parfüms und Lotions, der Puderdosen und Teint-Verbesserer aller Preisklassen und Schattierungen beginnt gleich unten am Hauptbahnhof, wo neben dem Einzelhandel auch die Fachabteilungen der hier präsenten Großkaufhäuser als Quelle in Frage kommen. Sie zieht sich unter lokaler Schwerpunktbildung – etwa im **Königsbau,** in Stift- und Schulstraße und am Marktplatz – bis hinauf in die Marienstraße mit ihren Querpassagen und ihrer gemütlichen Boulevard-Gastronomie.
Beim Stichwort „Marktplatz" müssen aber auch gleich die hier gut vertretenen Sparten Textilien, Glas- und Haushaltswaren sowie Uhren und Schmuck erwähnt werden. Die funkelnden Vitrinen und blitzenden Auslagen der Boutiquen und Juweliere, der Gold- und Silberschmiede schlingen sich wie eine Perlenkette, am Hauptbahnhof beginnend, die Königstraße und ihre Nebenstraßen hinauf.
Seitdem Autos und Straßenbahnen weitgehend aus der Innenstadt verbannt sind, zeigt sich Stuttgart mehr denn je als eine Stadt, die zum Bummeln und Flanieren genauso einlädt wie zum Einkaufen und Entspannen. Den „großen Boulevard" bildet die über einen Kilometer lange **Königstraße** mit ihren eleganten Geschäften und Boutiquen, den Großkaufhäusern, Brunnen, Alleen, schattigen Plätzen, lebhaften Straßencafés und Ladenpassagen. Württembergs erster König, Friedrich, hatte die Königstraße als vornehme Wohnstraße geplant. Doch selbst ein König könnte sich heute kaum noch leisten, an diesem exklusiven Flanierboulevard zu wohnen, der unter den ersten Geschäftsadressen anderer Großstädte einen vorderen Platz einnimmt und in einem Atemzug mit der Mönckebergstraße in Hamburg, der Frankfurter Zeil oder der Kaufinger Straße in München genannt wird.
Nicht weniger einladend sind die Zentren um den **Marktplatz** (mit einem der modernsten Kaufhäuser Europas), um Calwer Straße und Calwer Passage, letztere eine vielbeachtete architektonisch-künstlerische Glanzleistung. Bei dieser von der Natur so großzügig bedachten Stadt überrascht es sicher nicht, daß hier 19 ergiebige Mineralquellen aus der Erde sprudeln, aus denen neben zahlreichen Trinkbrunnen vier große Mineralschwimmbäder gespeist werden. Mit diesem (nach Budapest) zweitgrößten Mineralwasservorkommen Europas präsentiert sich Stuttgart auch als eine Oase für Erholung- und Heilungsuchende.
Goethe pflegte, im „Adler" abzusteigen; Schiller verkehrte im „Ochsen". Wohin würden die beiden Herren wohl ihre Schritte lenken, wenn sie heute bei einem Einkaufsbummel in Stuttgarts Innenstadt plötzlich Durst oder Hunger oder einfach das Verlangen nach Rast verspürten? Der Möglichkeiten gibt es genug – bei 1600 Gaststätten in der Landeshauptstadt Baden-Württembergs. Die deutsche Variante französischer Bistros und amerikanischer Snack-Bars ist in den letzten Jahren vielerorts, besonders aber an der Peripherie der City entstanden. So auch in der **Calwer Straße** und **-Passage** und „drum herum", wo sich inzwischen aber auch Konkurrenz ganz anderer Provenienz rührt und sich regen Zuspruchs erfreut: Kebab-Stationen, wo das Lammfleisch direkt vom duftenden Grillspieß „gsäbelt" und dann mit Brötchen und kleingehackten Zwiebel verkauft wird.

Right and overleaf (pages 26 and 27): Once a royal avenual and a residential street for well-to-do-people the Königstraße (right) ranks among the great shopping boulevards of Europe. The Calwer shopping passage (page 26) and the pedestrian zone in the Schulstraße (page 27) are attractive attributes of this business metropolis in the heart of Germany.

Rechts und umseitig (Seite 26 und 27): Einst königliche Renommierstraße fügt sich die Königstraße (rechts) würdig ein in die Reihe der großen Shopping-Boulevards Europas. Die Calwer-Passage (Seite 26) und die Fußgängerzonen in der Schulstraße (Seite 27) zählen mit ihrem Weltstadt-Angebot zu den attraktiven Attributen dieser Geschäfsmetropole im Herzen Deutschlands.

KAUFHOF
STOP
AMPINGSCHAU

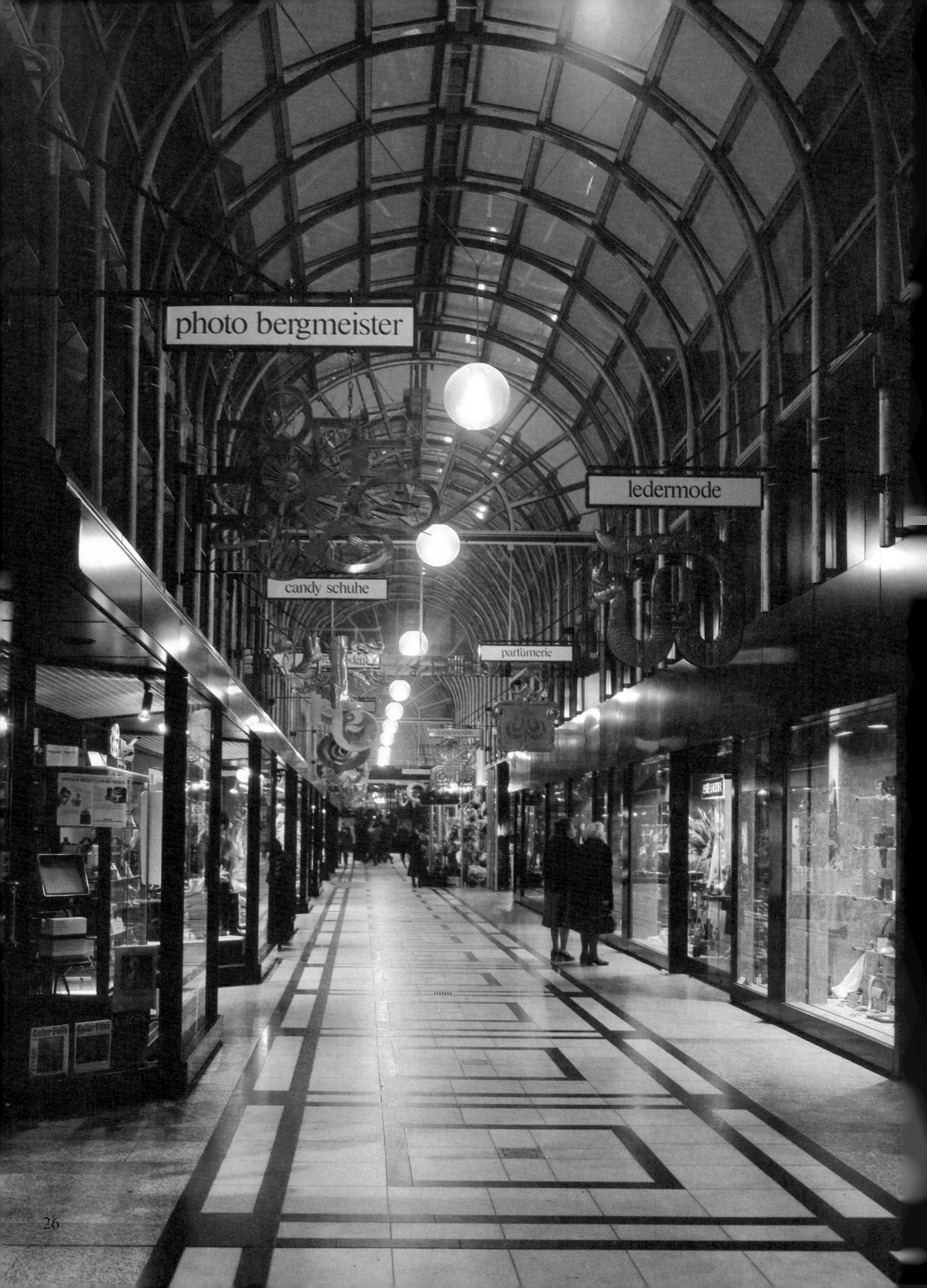
photo bergmeister
ledermode
candy schuhe
parfümerie

ITTNACHT
BAU
KAUFHALLE
GERSON
TED LAPIDUS
Coke
Coca-Cola
PIZZA
NORDSE

Oben: „Markt" kann in Stuttgart vielerlei bedeuten: Sei es der **Blumenmarkt** auf dem Schillerplatz (Seite 16), der Markt in der Dorotheenstraße mit seiner Fleisch-, Obst- und Gemüsehalle oder der **Gemüsemarkt** auf dem Marktplatz (Bild), wo die schwäbischen Bäuerle aus dem Umland ihre erntefrischen Produkte feilbieten. Die Kirchstraße (Bildmitte) führt vom **Marktplatz** zur Stiftskirche.
Rechts: Der durch den Mercedes-Stern gekrönte Turm des Stuttgarter Hauptbahnhofes bildet das Ende der unteren Königstraße, die durch eine unterirdische Ladenpassage mit dem Sackbahnhof verbunden ist.

Above: The word "Markt" needs some specification: in Stuttgart it may refer to the **flower market** on Schiller Square (page 16), to the market in the Dorotheenstraße with its halls for the sale of fresh meat, fruit and vegetable, or to the **vegetable market** on the market-place (picture), where the Swabian peasants from the countryside offer their crops. The Kirchstraße (centre) leads from the marketplace to the Collegiate Church.
Right: With the Mercedes-star on the top, the tower of Stuttgart main station forms the end of the lower Königstraße which is connected to the terminal station by a shopping passage.

Oben: Im Vordergrund sieht man das moderne **Schwabenbräu-Hochhaus,** hinter dem die altehrwürdigen Türme der Stiftskirche hervorragen. Der Westturm ist bis zur Turmuhr quadratisch und läuft dann in oktonale Form über. Aus romanischer Zeit stammt der Südturm. Die Kirche enthält zahlreiche Figuren und Reliefs sowie die Renaissance-Standbilder württembergischer Grafen.
Rechts: In das neue Stadtbild reihen sich die neuzeitlichen Plastiken moderner Künstler ein und verbinden sich harmonisch mit den Relikten aus vergangenen Jahrhunderten. Das obere Bild zeigt die Plastik **„der Denker".** Bild unten: ein Straßencafé in der Calwerstraße.

Above: Historical background for a modern building: behind the **Schwabenbräu** skyscraper rise the venerable towers of the Collegiate Church. Up to the church clock the westerly tower has a square form, from the clock upwards the form becomes octogonal, whereas the southerly tower is an example of Romanesque architecture. Numerous figures and reliefs as well as Renaissance statues of Württemberg counts are sightworthy.
Right: Modern plastics have become a part of Stuttgart's townscape and harmonize with the relicts of past centuries. The picture above shows the plastic **"The Thinker",** the picture below a street café in the Calwerstraße.

Reinigung
NORDMENDE
Die Super-Show

Bacchus
A. Berger
BUCHHANDLUNG
CLAUSNITZER
Cannstatter
Mineralwasser

Fröhliche Feste

Wer Stuttgart in den Sommer- und frühen Herbstmonaten besucht, der merkt sehr schnell, daß die fleißigen Schwaben durchaus nicht nur ans „Schaffe" denken. Zahlreiche Straßenfeste und **„Hocketsen"** (von Hinhocken) sind unverwechselbarer Ausdruck Stuttgarter Lebensfreude. Die Freunde fröhlicher Festivitäten sollten ihre Stuttgart-Reise jedoch möglichst aufschieben, bis die beiden größten Stuttgarter Feste vor der Tür stehen: Ende August das gemütliche **„Weindorf"**, das mit Buden und Weingirlanden auf Schiller- und Marktplatz die Großstadt vergessen läßt, und Ende September/Anfang Oktober das berühmte **Cannstatter Volksfest**, das mit alljährlich vier bis fünf Millionen Besuchern eine Dimension erreicht, die, gäbe es nicht das Münchner Oktoberfest, in ganz Europa einzigartig wäre.
Überhaupt der Herbst! Es ist die große Zeit der Hocketsen, denn die sonst gelegentlich recht introvertiert scheinenden Stuttgarter strömen in Scharen auf die Straßen, verzehren ihr Göggele und schlotzen ihr Viertele. Die Wochenenden der „langen Nächte" lassen die Innenstadt mit Bänken, Buden und Tischen wie einen großen, internationalen Kommunikationstreff erscheinen, denn neben dem schwäbischen „hanoi" und „sodele" klingen unüberhörbare Laute des sonnigen Südens und des näher gerückten Balkans an das lauschende Ohr. Denn auch die Nachbarn aus Griechenland, Jugoslawien, Italien und Spanien haben sich längst an das lebensnotwendige Elixier der Trollinger und Schwarzrieslings gewöhnt, das der echte Schwab in solchen Mengen trinkt, „damit's beim Scheuße net stäubt", wie er sich vornehm auszudrücken pflegt.
Man kann Stuttgarts Lokalkolorit nicht beschreiben, ohne die vielen gemütlichen bis urigen Weinstuben zu nennen, die in fast allen der 23 Stadtbezirke zu finden sind. Denn das „Stuttgarter Leben" zeigt sich gerade hier von seiner unmittelbaren, typischen Seite. Stuttgarts Weinstuben sind am Abend die eigentlichen Kommunikationszentren der Stadt, in denen schon früh, ab 18 Uhr, die Plätze knapp werden.
Jung und Alt, Student und Professor, Schwabe und „Rei'gschmeckter", Sekretärin und Geschäftsmann hocken hier dicht beieinander. Der sonst eher zurückhaltende Schwabe entpuppt sich da als aufgeschlossener, humorvoller Gesprächspartner. Spätestens an diesen Orten wird auch offenbar, daß Stuttgart seit Jahrhunderten eine Stadt des Weines ist, der noch heute auf einer Fläche von rund 400 Hektar angebaut wird. Vielfach preisgekrönte Spitzengewächse sind darunter, die der Stuttgarter natürlich am liebsten selbst trinkt.
Aber in Stuttgarts Weinstuben werden nicht nur Viertele „gschlotzt" (das schmucklose Henkelglas dominiert dabei eindeutig über alle anderen Trinkgefäße); es wird auch vortrefflich gegessen, wobei schwäbische Spezialitäten wie Maultaschen, Linsen mit Saitenwürstle und Spätzle oder Rostbraten mit Kraut und handgemachten Spätzle unangefochten die Beliebheitsskala anführen. Wer seinen Stuttgartbesuch in die Monate November bis Februar legt, sollte eine weitere Stuttgarter „Spezialität" nicht versäumen: die Besenwirtschaften, die vor allem in dieser Zeit geöffnet sind und sozusagen als „offenes Geheimnis" Stuttgarter Wein-Geselligkeit, gemütliche Stunden und reiche Kontakte garantieren. So alt wie der Weinbau sind auch die Besenwirtschaften, in denen der selbsterzeugte Wein ausgeschenkt wird. Der „Wengerter" hat das altverbriefte Recht, seinen selbsterzeugten Wein jährlich vier Monate lang in den eigenen vier Wänden auszuschenken. Vierzig Plätze sind ihm erlaubt.
Sicher bietet Schwabens Metropole kein agressives Action-Nachtleben, das etwa mit der Reeperbahn vergleichbar wäre. Dennoch: Stuttgart ist auch nach 21 Uhr alles andere als still und langweilig. Die Jugend trifft sich – wie in allen Städten – vorzugsweise in den Discotheken; aber auch die gemütlichen Jazz-Lokale mit sehr guten Live-Programmen sind beliebte Treffpunkte. „Kneiple", Pubs und Bistros, in der Regel bis 1 Uhr offen, sind schon vom frühen Abend an gut besucht und bevorzugte Anlaufstellen auch der etwas reiferen Jugend – und vieler hübscher Mädchen. Die klassischen Night-Clubs – mit Programm – fehlen natürlich auch in Stuttgart nicht. Nacht- und Striptease-Schwärmer kommen in Stuttgart auch noch auf eine andere, ebenso bequeme wie preiswerte Art auf ihre Kosten: mit der Rundfahrt „Stuttgarter Nächte", einem vergnüglichen Streifzug (mit schwäbischer Vesper und diversen Drinks) durch ein halbes Dutzend Lokale, zu der das Verkehrsamt jeden Mittwoch, Donnerstag und Freitag einlädt. Abfahrt ist am Hindenburgbau gegenüber dem Hauptbahnhof.

Rechts: Ende September/Anfang Oktober feiern nicht nur die Stuttgarter das berühmte Cannstatter Volksfest, die Cannstatter Wasen, das alljährlich vier bis fünf Millionen Besucher anzieht und Dimensionen erreicht, die nur noch von der Münchner „Wies'n" übertroffen werden. Traditionsgemäß sticht der Oberbürgermeister der Stadt das erste Faß an.

Right: Not only the citizens of Stuttgart but also four to five million of visitors come to see and enjoy every year the famous Cannstatt festival at the end of September/beginning of October. This festival reaches dimensions only the Oktoberfest in Munich surpasses. According to tradition the Town Mayor of Stuttgart taps the first barrel.

CD
DINKEL
ACKER
CD

Oben: Als 1810 die erste Münchner „Wies'n" aus der Taufe gehoben wurde, konnte niemand ahnen, daß fast parallel hierzu König Wilhelm I. eine ähnliche Idee hatte: das Cannstatter Volksfest, das als **Cannstatter „Wasen"** 1818 vom Landesherrn gestiftet wurde.
Rechts: Wenn der Sommer vorbei ist, beginnt die große Zeit der **Hocketsen** (von hinhocken), den großen Kommunikationstreffs, die an den Wochenenden in die „lange Nächte" übergehen.
Umseitig: Bei den vielen Festen vergessen die Schwaben auch die **Fastnacht** nicht (Seite 36). Längst wurde die einheimische Gastronomie durch Konkurrenten aus dem Süden mit Kebab-, Giros- oder Lammspieß-Spezialitäten, wie hier bei einem Straßenfest, bereichert (Seite 37).

Above: It was in 1810 when the Oktoberfest in Munich was born, and nobody could know that almost at the same time King Wilhelm I. had a similar idea: the **Cannstatt Festival,** known as "Cannstatter Wasen", a donation of the sovereign in 1818 to the people of Württemberg.
Right: The time of **"Hocketsen"** (the word comes form "hinhocken"–squat down) begins when summertime is over.
Overleaf (page 36 and 37): People who enjoy festivals so much do of course not miss the fun of **carnival** (p. 36). Local gastronomy is no longer without competition: from southern Europe came specialities like kebab, gyros or lamb barbecue.

Sprite

LIEFON 24 59 15

Kunst und Unterhaltung

In der Kunststadt Stuttgart ist ein Theaterbesuch immer ein Erlebnis, denn die württembergischen **Staatstheater** – Oper, Ballett, Schauspiel – haben einen ausgezeichneten Ruf. Das Stuttgarter Ballett erlangte unter John Cranko Weltgeltung, und Aufführungen wie „Romeo und Julia", „Schwanensee", „Der Widerspenstigen Zähmung" sind unvergeßliche Ballett-Erlebnisse. Aber auch an den kleineren Bühnen, ob Theater der Altstadt, Renitenztheater oder Komödie im Marquardt erwartet den Freund dramatischer Schauspielkunst, die vom klassischen „Dauerbrenner" in vielen Nuancen über Boulevard-Unterhaltung à la Nestroy bis zu zeitkritischem Polit-Kabarett reicht, echter Kunstgenuß. Das „Sommertheater" im Höhenpark Killesberg hat mit seinem Varietéprogramm der internationalen Spitzenklasse alljährlich von Mai bis Oktober ein begeistertes Publikum. Und auch die vielen Puppenspieler, die mit etwa einem Dutzend Bühnen Stuttgart zu ihrer heimlichen Hauptstadt machen, tragen ihr Teil zum künstlerischen Gesamtniveau dieser Stadt bei.
Schon König Wilhelm I. von Württemberg war – wie die heutigen Stadtväter – ein Freund der Schönen Künste, denn er ist der Gründer der **Stuttgarter Staatsgalerie,** inzwischen einer der bedeutendsten Gemäldesammlungen der Bundesrepublik mit der größten Picasso-Sammlung auf deutschem Boden. Überhaupt kommen Kunst- und Museumsfreunde in Stuttgart voll auf ihre Kosten. So sind das **Württembergische Landesmuseum** im Alten Schloß, das **Naturkunde-Museum** im Schloß Rosenstein und natürlich das Daimler-Benz-Automobil-Museum (das jedoch nur nach Vereinbarung besucht werden kann) für den Kenner wie für den aufgeschlossenen, interessierten Laien jederzeit einen Besuch wert.
Das **Kunstgebäude** am Theatersee, zwischen Schloßplatz und oberem Schloßgarten, war zunächst als Neues Lusthaus, später als Hoftheater bekannt. Heute ist es Sitz des Württembergischen Kunstvereins und der Galerie der Stadt Stuttgart. Werke von Künstlern des 19. und 20. Jahrhunderts werden hier ausgestellt. Das umgebaute, mit reichen Sammlungen ausgestattete **Linden-Museum** für Völkerkunde rundet diese Szene ab.
Nach den Zerstörungen des Krieges hatte sich das organisch gewachsene Stadtbild stark verändert. Den Bausündern der Wiederaufbauphase begegneten die Stuttgarter mit einer Wiederbelebung der Lebensräume durch **„Platzmale"**. Sie erklären den Platz nach Hajek zum „plastischen Raum". Moderne Kunstwerke wie das Mahnmal von Elmar Danker am Karlsplatz, das „Raumzeichen" in der Theodor-Heuss-Straße oder das „Stadtzeichen" von Otto Herbert Hajek im Kleinen Schloßplatz sind Beispiele dieses Versuchs, gestalterische Mittel in Form von Kunstwerken der Wiederbelebung der Stadt-Plätze einzusetzen.
Eine Reihe von Lokalen mit Unterhaltung und Kleinkunst – zum Beispiel in der Calwer Straße und der Christophstraße, der Markt-, Eberhard- und Böblinger Straße – leiten über zur artistisch bis kulturell engagierten Unterhaltung, wie sie neben den württembergischen Staatstheatern und einem runden Dutzend etablierter Häuser und Sprechbühnen auch das **Varieté-Theater** im Höhenpark Killesberg bietet.
Zwischen Gastronomie und Bühnenkunst öffnet sich noch ein weites Feld darüber hinausgehender Möglichkeiten, aus dem hier nur Planetarium, Mineralbad Leuze und Hanns-Martin-Schleyer-Halle herausgegriffen werden sollen.
Das **Planetarium,** das zur Bundesgartenschau 1977 in Stuttgart als das mondernste seiner Art in Europa eröffnet wurde, erfreut sich mit seinen wechselnden Vorführungsthemen ständig wachsender Beliebtheit. Eine ebenso hochwertige wie raffinierte Technik liefert atemberaubende Effekte.
Im **Mineralbad Leuze,** das schon rein architektonisch in seiner Sparte Maßstäbe setzt, kann man in sechs Schwimm- und Badebecken am eigenen Leib erleben, was es bedeutet, in prikelndem Mineralwasser mit Heilwassercharakter zu schwimmen.
Unter den vielen Sportanlagen der Stadt ist das **Neckarstadion** mit rund 71 000 Zuschauerplätzen die größte. Nur einen Steinwurf weiter liegt Stuttgarts modernste Sportstätte: die im Herbst 1983 eröffnete **Hanns-Martin-Schleyer-Halle.** Sie ist nicht nur der faszinierende Schauplatz unterschiedlichster Hallensport-Wettbewerbe, sondern kann auch bis zu 10 000 Menschen bei gesellschaftlichen Veranstaltungen aufnehmen.
Beim Mercedes-Benz-Cup treffen sich alljährlich die Tennisfans auf dem Weisenhof und beim Porsche-Grand-Prix in Filderstadt im Süden Stuttgarts die Motorsportbegeisterten.

Rechts: Im mittleren Schloßgarten liegt das berühmte Stuttgarter **Planetarium,** das als das modernste seiner Art in Europa gilt. Eine raffinierte Technik vermittelt dem Besucher faszinierende Effekte in einer Reise durch Raum und Zeit. Außer montags gibt es täglich zwei bis drei Vorführungen, die man in bequemen Sesseln unter der 20 m hohen Kuppel genießen kann.

Right: In the central castle garden the visitor will find the reputed **planetarium** of Stuttgart, the most modern of its kind in Europe. Ingenious technology and fascinating effects send the spectator on a journey through time and space. Daily, except on Mondays, there are two or three shows to be enjoyed in comfortable seats under a dome 20 metres high.

Planetarium
Staats-
galerie
Staats-
galerie

Oben und rechts: Im **Mineralbad Leuze** kann der Besucher in prickelndem Mineralwasser etwas für seine Gesundheit tun oder einfach nur entspannen. Mit einer Schüttung von täglich 22 000 m³ zählen die Stuttgarter Mineralbäder zu den ergiebigsten Quellen Europas.
Umseitig (Seite 42 und 43): Wer dem Stuttgarter Kessel entfliehen will, findet ein reichhaltiges Freizeitangebot in unmittelbarer Nähe der Stadt: eine Neckarfahrt mit der „Stuttgart" (S. 42, unten) oder Segelvergnügen auf dem Max-Eythsee (S. 42 oben und S. 43). Der ehemalige Baggersee in Hofen wurde zu einem Freizeitparadies im Naherholungsgebiet der Stadt ausgebaut.

Above and right: In the **Leuze mineral bath** with its prickling water visitors have the opportunity to do something for their health or simply relax. With an output of 22000 cubic metres daily the mineral baths of Stuttgart count to the most productive in Europe.
Overleaf (pages 42 and 43): Not only the city of Stuttgart is attractive: in close proximity of the town there are enough opportunitites for leisure-time activities, be it a boat trip on the river Neckar with MS "Stuttgart" (p. 42, bottom) or sailing fun on the Max-Eyth Lake (p. 42 top and p. 43). The former gravel pit in Hofen has become a place of high recreational value.

G768
G 1282

STUTTGART

Oben und rechts: **Die Wilhelma** wurde als königliches Sommerschloß Mitte des 19. Jh. erbaut. Aus den Parkanlagen des Schlosses entstand der große zoologische und botanische Garten. Eine besondere Attraktion ist der im orientalischem Stil erbaute Maurische Garten (rechts).
Umseitig (Seite 46): Die 3 000 Besucher fassende **Liederhalle** mit ihren drei Konzert- und Tagungssälen (oberes Bild) und die 1983 eingeweihte **Hanns-Martin-Schleyer-Halle** (unteres Bild).
Umseitig (Seite 47, oben): Hengstparade in **Marbach.**
Umseitig (Seite 47, unten): Das Neckarstadion, die moderne Arena der Leichtathleten-Meisterschaften und des VFB Stuttgart.

Above and right: **Wilhelma** is a royal summer castle built in the middle of the 19th century. In its parc a zoological and botanic garden was created, of which the Moresque Garden (right) in oriental style is a most attractive part.
Overleaf (page 46): Three concert halls houses the **Liederhalle** with room for 3000 visitors (picture above). 1983 the **Hanns-Martin-Schleyer-Halle** was inaugurated (bottom).
Overleaf (page 47): Stallion parade in **Marbach** on Neckar (top picture).
The **Neckarstadion,** the modern arena for the championship in track-and-field competition and the football games of the VFB Stuttgart (bottom).

Oben und rechts: Als der in Schorndorf geborene Maschinenbauingenieur Gottlieb Daimler 1883 einen Benzinmotor mit Glühvorzündung zum Patent anmeldete, konnte niemand ahnen, daß damit der Grundstein zu einem der bedeutendsten Automobilwerke der Welt gelegt wurde. 1890 wurde die Daimler-Motoren-Gesellschaft gegründet, die sich 1926 mit der Firma Benz zu Daimler-Benz AG vereinigte. Eine Attraktion besonderer Art ist das **Automuseum** der ältesten Autofabrik der Welt, in dem solche Konstbarkeiten zu sehen sind wie der 225 PS starke Sportwagen, Typ 720, Baujahr 1928 (rechts) oder der Stahlradwagen, Baujahr 1889, mit 1,5 PS (oben).

Above and right: The invention was a milestone, but nobody knew that it would lay the foundation for one of the most important car industries in the world: it was the mechanical engineer Gottlieb Daimler, who applied in 1883 for a patent for his gasoline motor with self-ingnition. In 1890 the Daimler Motor Company was founded, merging 1926 with the Benz Company. The Daimler–Benz AG was born. A special attraction is the **automobil museum** of the oldest car company in the world with its rarities: the 225 hp sports car of 1928, type 720 (right), or the steel wheel veteran of 1889 with 1,5 horsepower (above).

Oben: Zu den **Württembergischen Staatstheatern** gehört neben dem Kleinen Haus (Schauspiel und Ballett) und dem Kammertheater das in klassizistischem Still erbaute **Große Haus** (Bild) mit Oper und seinem berühmten Ballett, das unter John Cranko Weltgeltung erlangte. Aufführungen wie „Romeo und Julia", „Schwanensee" und „Der Widerspenstigen Zähmung" sind unvergeßliche Ballett-Erlebnisse. Aber auch an den kleineren Bühnen der Stadt erwartet den Freund der Musik und der Schauspielkunst echter Kunstgenuß.
Rechts: Die russische Kirche in Stuttgart.
Umseitig (Seite 52, oben): Stg.-Untertürkheim.
Umseitig (Seite 52, unten): Der Stuttgarter Hafen.

Above: To the **Württemberg State Theatres** belong the Small House for stage play and ballet, the Chamber Theatre and the Large House (picture) in classicistic style with opera and its ballet which became world-famous under John Cranko. No spectator will ever forget ballet performances like "Romeo and Julia", "Swan Lake" or "The Taming of the Shrew". But the lover of music and drama will also find great artistic delight at numerous smaller theatres.
Right: The Russian-orthodox church in Stuttgart.
Overleaf (page 52, top): Stuttgart-Untertürkheim, home of Daimler–Benz Motor Company.
Overleaf (page 52, bottom): Stuttgart harbour.

Seidenstr.
65
Russische Kirche

STUTTGART

Die 7 Schwaben

Die zentrale Lage im Herzen Baden-Württembergs macht Stuttgart zu einem bevorzugten Stützpunkt für interessante Tagesausflüge, wobei es in jeder Himmelsrichtung lohnende Ausflugsziele gibt. Natürlich bieten sich hier dem Autotouristen besonders gute Möglichkeiten, die ausgesprochen reizvolle Umgebung Stuttgarts zu entdecken. So ist die **Schwäbische Alb** – südöstlich von Stuttgart – mit ihren erloschenen Vulkankegeln, den romantischen Burgen, ausgedehnten Wäldern und einer herb-schönen, in Deutschland einmaligen Landschaft, in rund 40 Minuten zu erreichen. Auch der **Schwarzwald** liegt sozusagen vor der Tür, und bei einem Eintagesausflug über Freudenstadt und die Schwarzwaldhochstraße nach Baden-Baden bleiben viele Stunden für Stadtbesichtigungen, herrliche Höhenwanderungen und gemütliche Einkehr. Selbst ein Abstecher an das Schwäbische Meer, den **Bodensee,** ist an einem Tag zu schaffen.

Auch dem Besucher, der mit der Bahn oder dem Flugzeug nach Stuttgart kommt, erschließt ein gut funktionierendes Nahverkehrsnetz die Schönheiten der Umgebung. So sind historische und wirklich sehenswerte Städte wie Esslingen am Neckar, die alte Residenzstadt Ludwigsburg, Marbach mit dem Schillermuseum, Kirchheim unter Teck (ein guter Ausgangspunkt für Wanderausflüge auf die Schwäbische Alb) oder Tübingen, Deutschlands älteste Universitätsstadt, teilweise im 10-Minuten-Takt mit der S-Bahn zu erreichen.

Die „7 Schwaben" nennen sich Stuttgart, Fellbach, Reutlingen, Tübingen, Esslingen, Ludwigsburg und Sindelfingen. Sieben Städte in unmittelbarer Nachbarschaft, die vieles gemeinsam haben und sich im touristischen Städtebund zusammengeschlossen haben.

Sie ziehen an einem Strang, so wie einst die sieben Schwaben der Sage nach sich an einer Lanze festgehalten haben, als sie auf Abenteuer ausgezogen sind. Das war seinerzeit der Blitzschwab und der Knöpflesschwab, der Seehas, der Allgäuer und der Gelbfüßler, der Nestel- und der Spiegelschwab. Und war auch ihre Heimat weiter östlich vom mittleren Neckar, im heutigen Bayerisch-Schwaben, anzusiedeln: Wenn man im Jahr 1984 des 200. Geburtstages von Ludwig Aurbacher gedachte und ihn feierte als den Vater der sieben Schwaben, so haben auch die sieben Schwaben aus Württemberg allen Grund, ihres „Namenspatrons" zu gedenken.

Sein Leben hat Hildegard Naegele in „Das schöne Allgäu" geschildert, dem die folgenden Passagen entnommen sind.

«Am 26. August 1784 wurde Ludwig Aurbacher, der „Vater der sieben Schwaben", als Sohn des Nagelschmiedes Joseph Aurbacher in einem „kleinen, unansehnlichen Haus" neben dem fürstlichen Schloß in Türkheim geboren. In seinen Jugenderinnerungen erzählt Ludwig Aurbacher in klarer, liebenswürdig bescheidener Sprache, wie es mit dem Büble weiterging. Bereits mit 5 Jahren zur Schule geschickt, kam Aurbacher 1792 in die Elementarschule nach Landesberg, als „Bettelkind mit dem Kosthäfele". Gut versorgt erschien er ein Jahr später als Singknabe im Kloster Diessen und ab 1795 im Benediktinerseminar in München. 1797 trat Ludwig als Singknabe ins Kloster Ottobeuren ein, wo er am 18. Oktober 1801 als Novize aufgenommen wurde.

Seine schriftstellerische Tätigkeit beginnt erst später, als er bereits Professor für deutschen Stil und Ästhetik am Kadettenkorps in München war. 1823 gibt er seine religiöse Gedankensammlung „Sprüche nach Angelus Silesius" unter dem Titel „Perlenschnüre" heraus. 1827 erscheint „Ein Volksbüchlein" mit den Abenteuern der sieben Schwaben, ohne Verfassernamen. Wenn man heute den Namen Aurbacher hört, so denkt man unwillkürlich sofort an die sieben Schwaben, denen er gleichsam zu neuem Leben verholfen hat.

Nimmt man die Zahl sieben nicht so genau, so gehen die „sieben" Schwaben bis ins 15. Jahrhundert zurück, wo deren Hasen-Abenteuer in einem codex latinus des Klosters Tegernsee zu finden ist, allerdings nur mit drei Schwaben. In einem Gedicht von Hans Sachs (1545) haben sie sich gleich zu neun Schwaben vermehrt, finden aber ein schnelles, trauriges Ende durch Ertrinken. Da kehrt man dann stets als Leser gerne wieder zu den Aurbacherschen Gesellen zurück, die, was Mentalität und Charakter anbelangt, viel zutreffender geschildert sind und die man auch irgendwie mögen muß. Und außerdem haben diese sieben – der Blitzschwab, der Knöpflesschwab, der Nestelschwab, der Seehas, der Allgäuer, der Gelbfüßler und der Spiegelschwab in jeder Hinsicht überlebt. Ihr Vater aber, übrigens einer der ersten, der sich um den schwäbischen Dialekt verdient gemacht hat, mußte am 25. Mai 1847 in München seine Feder für immer aus der Hand legen.»

Rechts: Ein bevorzugtes Ausflugsziel der Stuttgarter ist **Schloß Lichtenstein,** südöstlich von Reutlingen auf der Schwäbischen Alb. Am Rande des Echaztales liegt dieses romanische Märchenschloß, das 1829 auf dem Mauern einer alten Burg errichtet wurde. Wilhelm Hauff setzte diesem Schloß mit seinen Erzählungen ein poetisches Denkmal.

Right: **Lichtenstein Castle** to the south-east of Reutlingen in the Swabian Alb is a popular touristic attraction and place for excursions. Located on a rocky top this romantic castle replaced and old fortress, which was taken down in 1802. It is the merit of the poet Wilhelm Hauff to have described this old fortress in his novel "Lichtenstein".

Oben: Als **Schloß Solitüde** im 18. Jahrhundert als abgeschiedenes Jagdschloß erbaut wurde, war das nahegelegene Schloß Ludwigsburg Residenz der Landesherren. Deshalb verbindet auch heute noch eine 13 km lange direkte Allee Schloß Solitüde mit dem Ludwigsburger Schloß. 1763—67 wurde das Schloß im Rokokostil von Philipe de la Guêpière und J. F. Wyhing für Herzog Karl Eugen von Württemberg gebaut.
Rechts: Das klassizistische Portal von **Schloß Rosenstein** gehört zum königlichen Landhaus, das Anfang des 19. Jahrhunderts auf dem Kahlenstein erbaut wurde. Heute beherbergt es das Staatliche Museum für Naturkunde.

Above: **Solitude Castle,** a remote hunting lodge, was built in the 18th century at a time when the sovereigns resided in the near castle of Ludwigsburg. Therefore, still today a 13 kilometres long avenue–as straight as a die–leads directly from the Solitude castle to Ludwigsburg castle. During 1763–1767 the castle was built in rococo style by Philipe de la Guêpière and J. F. Wyhing for Duke Karl Eugen of Württemberg.
Right: The classicistic portal of **Rosenstein Castle** belongs to the royal country house built during the first third of the 19th century on the Kahlenstein. Today it houses the State Museum of Natural History.

AUSGEFUEHRT
VON DEM BAUGESCHAEFT
H. NAGEL

LIMES

75
Jahre

Stuttgarter Umgebung

Die erste Stadt der „7 Schwaben" – nach Stuttgart – ist **Fellbach.** Wer müde geworden ist vom vielen Schauen und Bummeln in Stuttgart, setzt sich ins Auto, in die Straßenbahnlinie 1, in die S-Bahn 2 oder 3 und ist in wenigen Minuten in Fellbach, der Stadt der Weine und Kongresse. Eine Stadt, für die der rebenbekränzte Kappelberg charakteristisch ist.
Diese Stadt, vom Stuttgarter Schloßplatz nicht mehr als 10 Kilometer entfernt, bietet jene Gastlichkeit und Gemütlichkeit, die für den Südwesten Deutschlands typisch ist, also Wirtschaften und Wirtschäftle, kleine und große Hotels, schwäbisch-rustikale Vesper, lokale und internationale Spezialitäten aus Küche und Keller in Hülle und Fülle.
In dieser Stadt, deren Lebensrhythmus so sehr vom Wein-, Obst- und Gartenbau bestimmt wird, ist die Natur mehr als nur dekorativer Hintergrund.
Reutlingen hat viele Gründe für einen Besuch. Wer da meint, in einer Industriestadt sich umzuschauen lohne nicht, der irrt sich im Falle der Stadt Reutlingen. Er vergißt ihre reichsstädtische Vergangenheit: Rund 600 Jahre Eigenständigkeit unter dem Schutz des Reichsadlers haben ihre Spuren hinterlassen.
Tübingen, die alte Universitätsstadt, ist auch als altes Verlagszentrum, in dem unter anderen die Verleger Goethes und Schillers arbeiteten, bekannt. Es ist für Tübingen fast selbstverständlich, den Freunden alter Bücher, Schriften und sonstiger antiquarischer Druckerzeugnisse die Möglichkeit zu bieten, hier ihre Sammelleidenschaft zu stillen. Weniger selbstverständlich und selbst für viele Tübinger überraschend ist die Tatsache, daß sich die Stadt in den letzten Jahren zu einer kleinen Metropole des Antiquitäten- und Trödelhandels entwickelt hat. Zunächst war es die studentische Nachfrage nach billigen Gebrauchtmöbeln und Gegenständen und dann die Rückbesinnung vor allem der akademisch angehauchten Bevölkerung auf gediegene, aber gebrauchsfähige Handwerkskunst. In engster Nachbarschaft finden sich dadurch heute vor allem in der Altstadt zahlreiche Trödel- und Antiquitätengeschäfte. Von März bis September finden auf den städtischen Plätzen an fast jedem Wochenende große und von weither besuchte Trödelmärkte statt.
Esslingen, 777 erstmals erwähnt, wurde 1212 zur Reichsstadt erhoben. Die Stauferlöwen am heutigen Wolfstor signalisierten es dem Reisenden schon im Mittelalter: Dieses Esslingen am Neckar ist eine Stauferstadt und niemand anderem untertan als dem Kaiser. 1200 Jahre Geschichte haben diese Stadt geprägt und allenthalben im historischen Stadtkern ihre Spuren hinterlassen.
Wolfstor, Pliensauturm und Schelztor markieren den Verlauf der mittelalterlichen Stadtfestung. Es grüßen Dicker Turm und Hochwacht von der Burg über den städtischen Weinberg am Schönenberg hinunter in die Stadt. Erhalten geblieben sind die Kirchen und Pfleghöfe auswärtiger Klöster aus der Zeit des Mittelalters, die Stadtkirche St. Dionys und die gotische Frauenkirche, die ehemaligen Bettelordenskirchen – heute Georgskirche und Münster St. Paul –, das Alte und das Neue Rathaus, aber auch die alten Bürger- und Weingärtnerhäuser.
Ludwigsburg ist eine sehenswerte Stadt in unmittelbarer Nachbarschaft zu Stuttgart. Man kann einen Bummel in die Mythologie, in die Götterlehre, zu Adonis, Ariadne, Fama, Herkules, Juno oder Jupiter unternehmen oder einen literarischen Rundgang zu den Wohn- und Wirkungsstätten von Friedrich Schiller, Eduard Mörike, Justinus Kerner oder Carl Maria von Weber. Auch ein Spaziergang durch die Schlösser Favorite und Ludwigsburg und durch das „Blühende Barock", die Gartenschau mit Tradition, läßt vielen Gästen die Herzen höher schlagen. Für Kenner gibt es die „Höfische Kunst des Barock". In dieser Ausstellung des Landesmuseums können insbesondere die Kreationen der Ludwigsburger Porzellan-Manufaktur bewundert werden.
Ein weiteres, sehr begehrtes Kulturerlebnis sind von Mai bis Oktober die Ludwigsburger Schloßfestspiele, die internationalen Festspiele von Baden-Württemberg.
Sindelfingen ist die letzte Stadt im Bunde der „7 Schwaben", eine aufstrebende Industriestadt im Kreis Böblingen. Sie war einst Sitz der Grafen von Calw und „Mutter" der Universität Tübingen. Das im 11. Jahrhundert gegründete Herrenstift wurde 1476 als Grundstock für die Universität nach Tübingen verlegt. Außer der 1083 geweihten Stiftskirche St. Martin hat Sindelfingen besonders schöne Fachwerkhäuser aus dem 15.–18. Jahrhundert zu bieten.

Rechts: Die Schwabenlandhalle, das neue Kongreß- und Kulturzentrum in **Fellbach.**
Umseitig (Seite 58 bis 61): Beliebte Ausflugsziele in und um Stuttgart: die **Sternwarte** (S. 58) und der **Bismarckturm** (S. 59), Berger Sprudler (S. 60, oben), Reste des römischen **Limes** bei Lorch (S. 60 unten) und der **Feuersee** mit Feuerseekirche (S. 61).

Right: The Schwabenlandhalle, the new centre for congresses and cultural activities in **Fellbach.**
Overleaf (Pages 58 to 61): Popular places for excursions in and around Stuttgart: the **Observatory** (p. 58), the **Bismarck Tower** (p. 59), **Berger Sprudler** (p. 60, top), the relic of the Roman **Limes** at Lorch (p. 60, bottom), and lake **Feuersee** with the Feuersee Church (p. 61).

Falken
musik-markt
reutlingen

C.Wörner
Miedermoden
KLEPPER
C. Wörner

Oben und rechts: Der alte Stadtkern von **Tübingen** erinnert mit seinem unzerstörten Bild einer schwäbischen Stadt auf Schritt und Tritt an die reiche, geschichtliche Vergangenheit. Der Marktplatz mit seinem **Rathaus** von 1435 (oben) blickt auf ein halbes Jahrtausend Geschichte zurück. Ein romantisches Beispiel vergangener Zeiten ist der **Hölderlinturm** (rechts).
Umseitig (Seite 64 und 65): **Reutlingen** liegt inmitten des schwäbischen Landes, zwischen Neckar und den Höhen der Schwäbischen Alb. Der **Tübinger Turm** (S. 64) und die **Marienkirche** mit ihrem 73 Meter hohen Turm (S. 65) erinnern an die historische Vergangenheit dieser liebenswerten und weltoffenen Stadt.

Above and right: The old centre of **Tübingen** is a good example of an intact and romantic Swabian town. At every step the visitor will be remembered of the colourful history. The Market-Place with the Town Hall is over 500 years old (above). The **Hölderlin Tower** also is a romantic example of the past (right).
Overleaf (pages 64 and 65): The Tübinger-Tower (p. 64) and the Marien-Church with its tower 73 metres high (p. 65) are historical witnesses of romantic Reutlingen's past.
Reutlingen is a lovable and cosmopolitan town located in the midst of the Swabian country between the river Neckar and the hills of the Swabian Alb.

Oben und rechts: Aus einem Musterbuch der Romantik könnte die alte Stauferstadt **Esslingen** stammen. 1200 Jahre Geschichte haben das Gesicht der Stadt geprägt. Esslingen ist aber nicht nur eine altehrwürdige ehemalige Freie Reichsstadt, die sich als geschäftige Industriestadt dem modernen Zeitalter angepaßt hat. Das Bild der Stadt wird mitgeprägt von den Rebhängen der Neckarhalde, des Burgweinberges und den steilen Mauern und Stäffele am Schenkenberg. Das Bild oben gewährt einen Blick über Esslingen mit der **Frauenkirche** von der Neckarhalde aus. Der Ziehbrunnen (rechts) aus dem 18. Jahrhundert steht vor dem **Kessler-Haus.**

Above and right: 1200 years of history and the Staufer dynasty have moulded the character of **Esslingen,** a prototype town of the Romantic era. However, the former imperial free town conformed to modern circumstances and has also become a busy industrial city. Characteristics of Esslingen are also the vineyards on the hillsides of the river Neckar and the Burgwein hill. The picture above shows an aerial of Esslingen with the Gotic **Frauen-Church,** seen from the vineyards of the Neckarhalde. The romantic draw well (right), built in the 18th century, stands in front of the capitulary **Kessler-House.**

Seite 70 bis 72: **Schloß Favorite** (oben), das Wasserschloß **Monrepos** (rechts) oder der **Märchengarten** im blühenden Barock des weltbekannten Residenzschlosses (Seite 72) in **Ludwigsburg.**
Umseitig (Seite 73): Der Marktplatz von **Sindelfingen,** einer der „7 Schwaben-Städte".
Umseitig (Seite 74): Das Geburtshaus von Friedrich von Schiller in **Marbach am Neckar.**
Umseitig (Seite 75): Das liebevoll erhaltene Rathaus von **Markgröningen** an der Glems.
Umseitig (Seite 76): Das Rathaus von **Urach,** ein besonders schöner altertümlicher Fachwerkbau.
Umseitig (Seite 77): Das Rathaus von **Kirchheim/Teck.**

Pages 70 to 72: **Favorite Castle** (above), the water castle **Monrepos** (right), and the fairy-tale garden of the world-famous baroque castle in **Ludwigsburg** (p. 72).
Overleaf (page 73): The market-place of **Sindelfingen,** one of the "Seven Swabians".
Overleaf (page 74): The house in **Marbach on Neckar** where Friedrich von Schiller was born.
Overleaf (page 75): The carefully restored city hall of **Markgröningen** on Glems.
Overleaf (page 76): The town-hall of **Urach,** a beautiful example of a timber-frame building.
Overleaf (page 77): The town-hall of **Kirchheim/Teck,** built in 1722.

EDUSCHO

Erst mal seh'n
was Quelle hat
Erst mal seh'n
was Quelle hat
HIER GIBT'S
QUICK
BUNTE
lesen
Bild
Hier
Hier
gibt's
HÖRZU
HÖRZU
HÖRZU
JOURNAL
JOURNAL
Quelle
AGENTUR

Oben und rechts: **Kloster Hirsau** im Nagoldtal. Rechts der Kreuzgang mit Eulenturm.
Umseitig (Seite 78): Berg und **Burgruine Teck,** ehemals Residenz der Herzöge von Teck.
Umseitig (Seite 79): **Strümpfelach** im Remstal, nordöstlich von Stuttgart.
Umseitig (Seite 82): **Kloster Maulbronn,** das schönste und besterhaltene Kloster Deutschlands.
Umseitig (Seite 83): Das 1196 gegründete ehemalige Prämonstratenserkloster **Allerheiligen.**
Umseitig (Seite 84): Das **Neckartal** bei Hessigheim vom Felsengarten aus gesehen.
Umseitig (Seite 85): Südlich von Tübingen liegt **Horb** am Neckar.

Above and right: **Monastery Hirsau** in the Nagold valley. Right: the cloister with owl tower.
Overleaf (page 78): Hill and castle ruin **Teck,** formerly the residence of the Dukes of Teck.
Overleaf (page 79): **Strümpfelach,** in the Rems valley, north-eastern to Stuttgart.
Overleaf (page 82): **Monastery Maulbronn,** the most beautiful and best restored cloister of Germany.
Overleaf (page 83): The Permonstratensian cloister **Allerheiligen** (Allhallows), founded in 1196.
Overleaf (page 84): The **Neckar Valley** near Hessigheim as seen from the Rocky Gardens.
Overleaf (page 85): **Horb on Neckar,** a town southern to Tübingen.

Der Schwarzwald

Was wäre das „Ländle" ohne seine Hauptattraktion, den Schwarzwald, der beileibe nicht schwarz ist, sondern in vielen Farben schillert.
Wer kennt sie nicht, die Schwarzwälder-Trachten-Mädchen mit ihren roten Bollenhüten, die weit über Deutschlands Grenzen hinaus Anklang finden. So rot wie die „Bollen" auf ihren Hüten sind auch die köstlichen Kirschen, aus denen das echte Schwarzwälder Kirschwasser gebrannt wird. In den Tälern des Schwarzwaldes tragen die Frauen und Mädchen noch heute ihre schmucken Trachten beim Kirchgang oder zu festlichen Anlässen. Überhaupt hat diese Gegend mit ihren großen Waldgebieten, mit dem Duft von Harz und Heu, der reinen Luft und dem milden Reizklima der idealen Höhenlage viel von ihrer Ursprünglichkeit bewahrt.
Der **nördliche Schwarzwald** umfaßt die Region zwischen Karlsruhe, Pforzheim, Baden-Baden und Freudenstadt. Zweitausend Kilometer Wanderwege und sechshundert Kilometer Ski-Wanderwege laden zu aktivem Aufenthalt ein. Hoch über dem Kamm der Berge verläuft die **Schwarzwald-Hochstraße** in rund tausend Meter Höhe. Der höchste und schönste Berg ist die Hornisgrinde, von der man einen herrlichen Blick über die reizvollen Täler genießt, die zwischen grünen Matten, Tannenwald und Fels tief eingeschnitten Herz und Auge erfreuen. Daß auch der Magen nicht zu kurz kommt, dafür sorgt die vorzügliche Schwarzwälder Küche.
Ein Kontrastprogramm zur Hochstraße liefert die **Schwarzwald-Bäderstraße** mit ihren berühmten Heilbädern, den Thermalquellen, Mineralquellen und heilklimatischen Kurorten, die wie Perlen an der Schnur aufgereiht sind, allen voran natürlich Baden-Baden.
Weite Wanderwege, deutlich markiert, führen durch Wiesentäler, locken hinauf zu den Höhen, zu einsamen Waldseen und geheimnisvollen Hochmooren, zu Aussichtstürmen und rustikalen Berggasthäusern.
Kein Städtchen, keine Gemeinde ohne Bezug zur Vergangenheit. Das fängt an mit der Zeit der Römer über die Geschichte des Mittelalters bis hin zur jüngsten Vergangenheit. Wehranlagen, sakrale Zeugnisse früherer Jahrhunderte in den Kirchen und Klöstern, alte Giebel und Hausfassaden erinnern an die Zeit unserer Urahnen.

Ein besonderer Anziehungspunkt ist das **Freilichtmuseum von Gutach.** Dort sind alte Schwarzwälder Bauernhöfe mit komplettem Inventar unter fachkundiger Führung zu besichtigen. Der mächtige Vogtsbauernhof mit Grennhaus, Mühle, Altenteil und Scheuer ist vollendet erhalten und gibt ein getreues Bild vom Leben in der Vergangenheit. Die verräucherte Küche, die Tenne mit Mais und Stroh sehen aus, als könnten die Bewohner morgen schon wiederkehren.
Wer kennt nicht die berühmte Geschichte vom Hornberger Schießen, die sich im traditionsreichen Städtchen Hornberg zugetragen hat? Wie das alles passiert ist, kann man sich bei den **Hornberger Freilichtspielen** (Juni-September) anschauen.
Zu den tapferen Zeugen der Vergangenheit zählen auch die Bürgerwehren des Harmersbachtales mit ihren schnittigen Uniformen, die bei allen festlichen Ereignissen aufmarschieren. Blumenprächtige Fronleichnamsprozessionen locken nicht nur Gläubige von weit her an, sondern auch Fotografen und stille Bewunderer der kunstvoll gelegten Blumenteppiche.
Wer an den Schwarzwald denkt, denkt an die unendlichen grünen Wälder, an Sommer, Sonne, Urlaubsvergnügen. Doch der Schwarzwald bietet auch den Anhängern der weißen Saison optimale Sportbedingungen.
Die **Skigebiete** im Schwarzwald sprechen alle Skifahrer, vom Anfänger bis zum Fortgeschrittenen, an. Zahlreiche Lifte, von der leichten bis zur alpinen Abfahrt, findet man in diesem Winterparadies. Für den Skiurlauber wurden in der herrlichen Landschaft des Schwarzwaldes vorzügliche Touren und Loipen angelegt.
Von Schonach über Schönwald führt der international bekannte **„Schwarzwälder Ski-Marathon"**, wobei diese Strecke zugleich auch den Ski-Fern-Wanderweg zum Belchen, über 100 km, einschließt.
Nationale und internationale Ski-Veranstaltungen stehen in jedem Winter auf den Veranstaltungsprogrammen. Begünstigt durch die Lage und das Mittelgebirgsklima, sind die Kurorte vor allem auch für Wintererholung geeignet. Die Winterkurorte sorgen für gebahnte und geräumte Wege. Sportliche Betätigung findet man durch das Angebot von Ski-Langlauf-Kursen, Gästeläufen, Schlittenfahrten, Eislauf auf Natureisweihern und Rodeln.

Rechts: Am Südhang der Hornisgrinde liegt der sagenumwobene **Mummelsee.**
Umseitig (Seite 88, oben): Diese Heuhütten stehen im stark industrialisierten **Murgtal**.
Umseitig (Seite 88, unten): der **Vogts-Bauernhof** im Freilichtmuseum bei Wolfach im Kinzigtal.
Umseitig (Seite 89): Dieses Schwarzwaldhaus steht im romantischen **Gutachtal.**

Right: Steeped in legends: Lake **Mummelsee** in the Black Forest.
Overleaf (page 88, top): Hay mows in the highly industrialized **Murg Valley.**
Overleaf (page 88, bottom): The Vogts-farm in the open-air museum near **Wolfach,** Kinzig valley.
Overleaf (page 89): A typical house of the Black Forest, seen in the romantic **Gutach Valley.**

89

Franz Rauber
Metzgerei
BÄREN
Bären
EDEKA

91

Von Spätzle, Maultaschen und Vierteleschlotzern

Schupfnudeln, Saure Kutteln und Maultaschen sind Eckpfeiler der schwäbischen Küche, die zwar nie ganz vergessen, aber mit dem Vordringen von Pizza, Kebab und Čevapčići ein wenig ins Abseits geraten sind.

„Subba, Kraut ont Kuttelfleak,
schöne grauße Stücker Speck,
Zwetschga, brotne Gäns ond Dauba,
Baurakücchle, Schtrauba . . .“

sind schwäbische Gerichte, die gar mancher Schwabe zuletzt zu Lebzeiten seiner Großmutter genossen hat.
Geblieben sind die Maultaschen, von denen Thaddäus Troll treffenderweise einmal gesagt hat: „In einem unliebenswürdigen Gewand verbirgt sich ein delikater Kern. Außen pfui und innen hui. Eine silberfarbene Hülle aus Nudelteig entsagt jedem optischen Reiz und wirkt appetitzügelnd. Aber wie köstlich ist die reiche Fülle aus Bratwurstbrät, Schinken, Fleisch, Speck, Spinat, Zwiebeln, Eiern, Petersilie, Muskat und Majoran.“
Geblieben sind natürlich auch die Spätzle, die beileibe nicht überall gleich Spätzle sind. Es gibt Schinkaspätzle, Käs-Spätzle, geschmelzte Spätzle, saure Spätzle. Und wenn sie nicht mit einem Spatzenschaber auf dem Spätzlebrett geschabt, sondern durch ein Sieb gedrückt werden, heißen die Spätzle nicht mehr Spätzle, sondern Knöpfle.
Maultaschen und Spätzle sind aus Mehl, wie überhaupt das Mehl in der schwäbischen Küche die Hauptrolle spielt. Es muß alles „babben“, und wenn das, was da „babbt“ auch noch in eine schmackhafte Soße „gedippt“ werden kann oder in einer kräftigen Brühe schwimmt, ist der Schwab zufrieden. Daß er dabei die anderen Leckereien wie Gaisburger Marsch, Ofenschlupfer, Nonnenfürzle und – vor allen – sein geliebtes Veschp'r nicht vergißt, versteht sich von selbst. „Liaba meh esse, als z'wenig trinke“ ist eine liebenswerte Lebensphilosophie – wobei wir beim Trinken wären.
Was dem Bayern sei Maß, ist dem Schwab sei Viertele. Und so nennt man die schwäbischen Weinkenner „Vierteleschlotzer“, wenn sie sich abends zusammensetzen und den Wein nicht trinken oder saufen, sondern „schlotzen“, so, wie es Goethe schon getan hat, der im sechsten Gesang seines Reineke Fuchs die schwäbische Küche rühmte:

„Laßt uns nach Schwaben entfliehen!
Hilf Himmlich! Es findet sich süße
Speise da und alles Guten in Fülle.“

Rund 900 ha groß ist die Rebfläche in Württemberg, doch die Weine behalten die Schwaben gern für sich. Württemberg verzeichnet den höchsten Weinkonsum in Deutschland. Kein Wunder, denn die kräftigen, frischen, mundigen und zum Teil auch erlesenen Weine werden auch von Kennern geschätzt.
Der Rotwein dominiert in Württemberg, insbesondere der Trollinger, der einen rubinroten, kernigen Wein liefert. Der Lemberger liefert einen samtigen, der Schwarzriesling einen feinblumigen, dunkelroten Wein. Der Riesling behauptet bei den Weißweinen seine Dominanz, gefolgt vom Silvaner, dem Müller-Thurgau und dem Ruländer.
Die württembergischen Weinbauregionen liegen im wesentlichen entlang des Neckars mit seinen Nebenflüssen. Die größten Anbaugebiete liegen im mittleren Neckartal, wobei der Großraum um Stuttgart mit rund 400 ha den Löwenanteil hat.
„Von der Sonne verwöhnt“ lautet der Werbespruch der badischen Winzer, und in der Tat werden in Baden höhere Mindestmostgewichte – sprich Öchsle – verlangt, nachdem die EG das badische Weingebiet in eine bevorzugte Lage eingestuft hat. Das läßt weniger Spielraum für nachträgliches „Verschönern“.
Im Bereich der Taube, einem der schönsten Abschnitte der **Romantischen Straße,** liegt das Badische Frankenland mit seinen kernigen Weinen. Landaufwärts zieht sich entlang des Odenwaldes die Badische Bergstraße, Deutschlands **Frühlingsstraße.** Die gesegnete Ortenau tut sich vor den Toren Baden-Badens auf, während der **Breisgau** ein festliches Spalier edler Reben bis vor die Tore von Freiburg trägt.
Nicht zu unrecht nennen die Badener das Gebiet um den **Kaiserstuhl** und den Tuniberg, das sich zwischen Schwarzwald und Vogesen aus der Ebene erhebt, die „Küche des Bacchus“. Zwischen den Türmen von Freiburg und Basel liegt das **Markgräflerland,** in dem sich die Gutedelrebe besonders wohl fühlt, aber auch Gewürztraminer und Müller-Thurgau. Am **Bodensee** schließlich wächst ein besonders kerniger Wein.

Umseitig (Seite 90): Marktplatz und Oberturm von **Meersburg** am steilen Nordufer des Bodensees.
Umseitig (Seite 91): Schloßkirche St. Marien auf der 44 ha großen **Blumeninsel Mainau,** dem „Garten im Bodensee“. Die Insel ist durch eine Brücke mit dem Festland verbunden.
Rechts: Der Weinberg und die Bergkapelle von **Stuttgart-Rotenberg.**

Overleaf (page 90): Market-place and tower of **Meersburg** on the bank of Lake Constance.
Overleaf (page 91): Castle church St. Marien on the flower island **Mainau,** a 44 hectar flower garden in the Lake Constance. The island can be reached from the mainland by a bridge.
Right: The vineyard and the chapel on a hill of **Stuttgart-Rotenberg.**

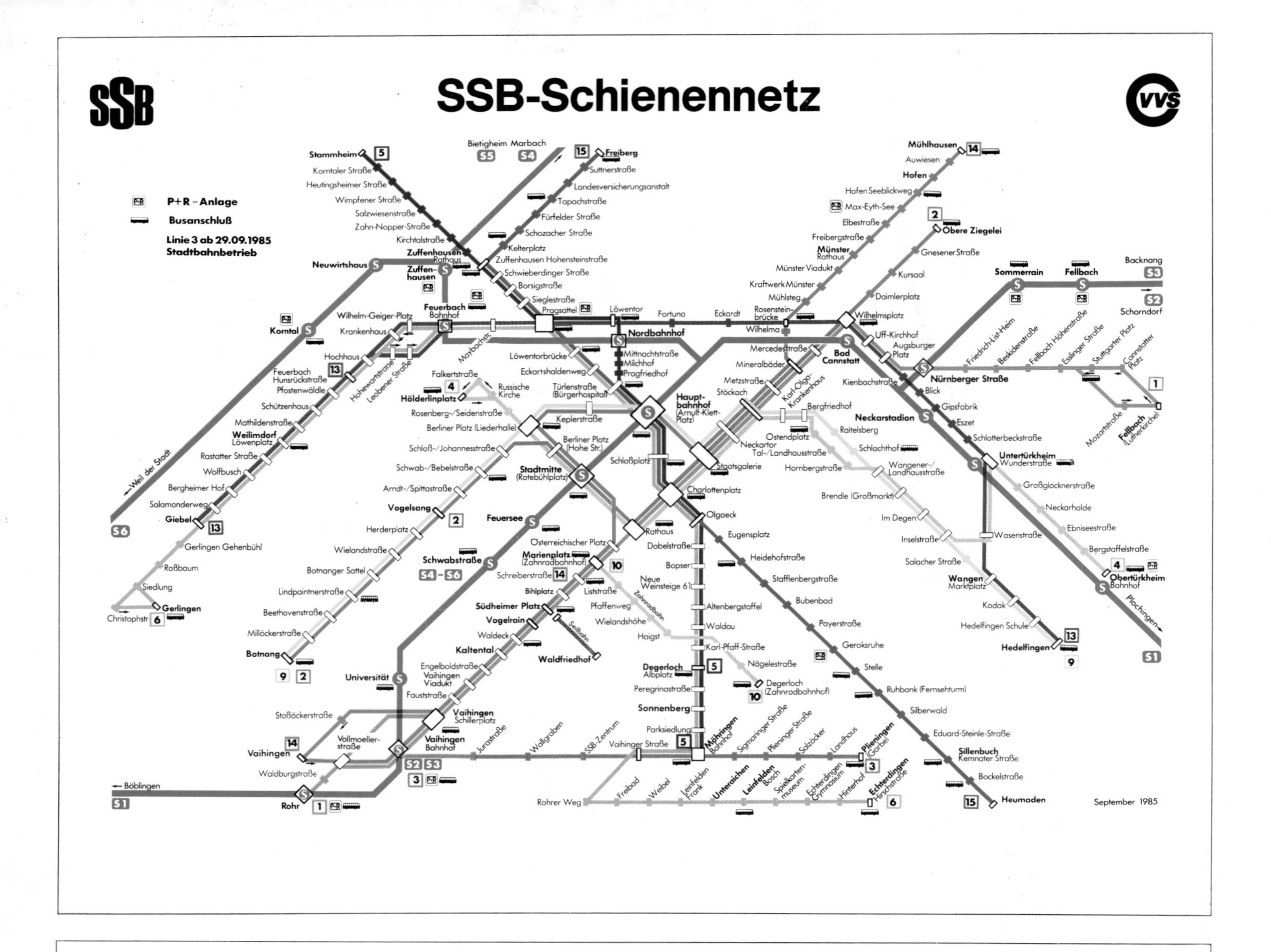
SSB
SSB-Schienennetz
VVS
P+R-Anlage
Busanschluß
Linie 3 ab 29.09.1985
Stadtbahnbetrieb
Stammheim
Korntaler Straße
Heutingsheimer Straße
Wimpfener Straße
Salzwiesenstraße
Zahn-Nopper-Straße
Kirchtalstraße
Zuffenhausen Rathaus
Bietigheim
Marbach
S5
S4
Freiberg
Suttnerstraße
Landesversicherungsanstalt
Tapachstraße
Fürfelder Straße
Schozacher Straße
Kelterplatz
Zuffenhausen Hohensteinstraße
Schwieberdinger Straße
Borsigstraße
Sieglestraße
Pragsattel
Löwentor
Fortuna
Eckardt
Nordbahnhof
Mühlhausen
Auwiesen
Hofen
Hofen Seeblickweg
Max-Eyth-See
Elbestraße
Freibergstraße
Obere Ziegelei
Münster Rathaus
Gnesener Straße
Münster Viadukt
Kursaal
Kraftwerk Münster
Mühlsteg
Daimlerplatz
Rosensteinbrücke
Wilhelmsplatz
Wilhelma
Sommerrain
Fellbach
Backnang
S3
S2
Schorndorf
Neuwirtshaus
Zuffenhausen
Feuerbach Bahnhof
Korntal
Wilhelm-Geiger-Platz
Krankenhaus
Hochhaus
Feuerbach Hunsrückstraße
Pfostenwäldle
Schützenhaus
Mathildenstraße
Weilimdorf Löwenplatz
Rastatter Straße
Wolfbusch
Bergheimer Hof
Salamanderweg
Giebel
Gerlingen Gehenbühl
Roßbaum
Siedlung
Gerlingen
Christophstr.
Weil der Stadt
S6
Löwentorbrücke
Eckartshaldenweg
Mittnachtstraße
Milchhof
Pragfriedhof
Falkertstraße
Russische Kirche
Hölderlinplatz
Türlenstraße (Bürgerhospital)
Rosenberg-/Seidenstraße
Berliner Platz (Liederhalle)
Keplerstraße
Hauptbahnhof (Arnulf-Klett-Platz)
Mercedesstraße
Bad Cannstatt
Uff-Kirchhof
Augsburger Platz
Mineralbäder
Metzstraße
Stöckach
Kienbachstraße
Nürnberger Straße
Blick
Gipsfabrik
Bergfriedhof
Neckarstadion
Raitelsberg
Ostendplatz
Neckartor
Tal-/Landhausstraße
Schlachthof
Schloß-/Johannesstraße
Berliner Platz (Hohe Str.)
Schwab-/Bebelstraße
Stadtmitte (Rotebühlplatz)
Schloßplatz
Staatsgalerie
Hornbergstraße
Wangener-/Landhausstraße
Schlotterbeckstraße
Untertürkheim Wunderstraße
Großglocknerstraße
Neckarhalde
Ebniseestraße
Bergstaffelstraße
Obertürkheim Bahnhof
Plochingen
S1
Arndt-/Spittastraße
Vogelsang
Feuersee
Charlottenplatz
Brendle (Großmarkt)
Im Degen
Inselstraße
Wasenstraße
Olgaeck
Eugensplatz
Herderplatz
Wielandstraße
Österreichischer Platz
Rathaus
Dobelstraße
Heidehofstraße
Stafflenbergstraße
Bubenbad
Payerstraße
Gerokruhe
Stelle
Ruhbank (Fernsehturm)
Silberwald
Eduard-Steinle-Straße
Sillenbuch Kemnater Straße
Bockelstraße
Heumaden
Salacher Straße
Wangen Marktplatz
Kodak
Hedelfingen Schule
Hedelfingen
Botnanger Sattel
Schwabstraße
Marienplatz (Zahnradbahnhof)
Schreiberstraße
Bopser
Neue Weinsteige 61
Lindpaintnerstraße
Beethovenstraße
Millöckerstraße
Botnang
Bihlplatz
Liststraße
Südheimer Platz
Pfaffenweg
Wielandshöhe
Altenbergstaffel
Vogelrain
Waldeck
Haigst
Waldau
Kaltental
Waldfriedhof
Karl-Pfaff-Straße
Engelboldstraße
Vaihingen Viadukt
Faststraße
Universität
Degerloch Albplatz
Nägelestraße
Degerloch (Zahnradbahnhof)
Peregrinastraße
Sonnenberg
Parksiedlung
Möhringen Bahnhof
Stoßäckerstraße
Vollmoellerstraße
Vaihingen Schillerplatz
Vaihingen Bahnhof
Vaihingen
Waldburgstraße
Böblingen
Rohr
SSB-Zentrum
Vaihinger Straße
Plieningen (Garbe)
Rohrer Weg
Unteraichen
Leinfelden Bahnhof
Echterdingen Hirschstraße
September 1985

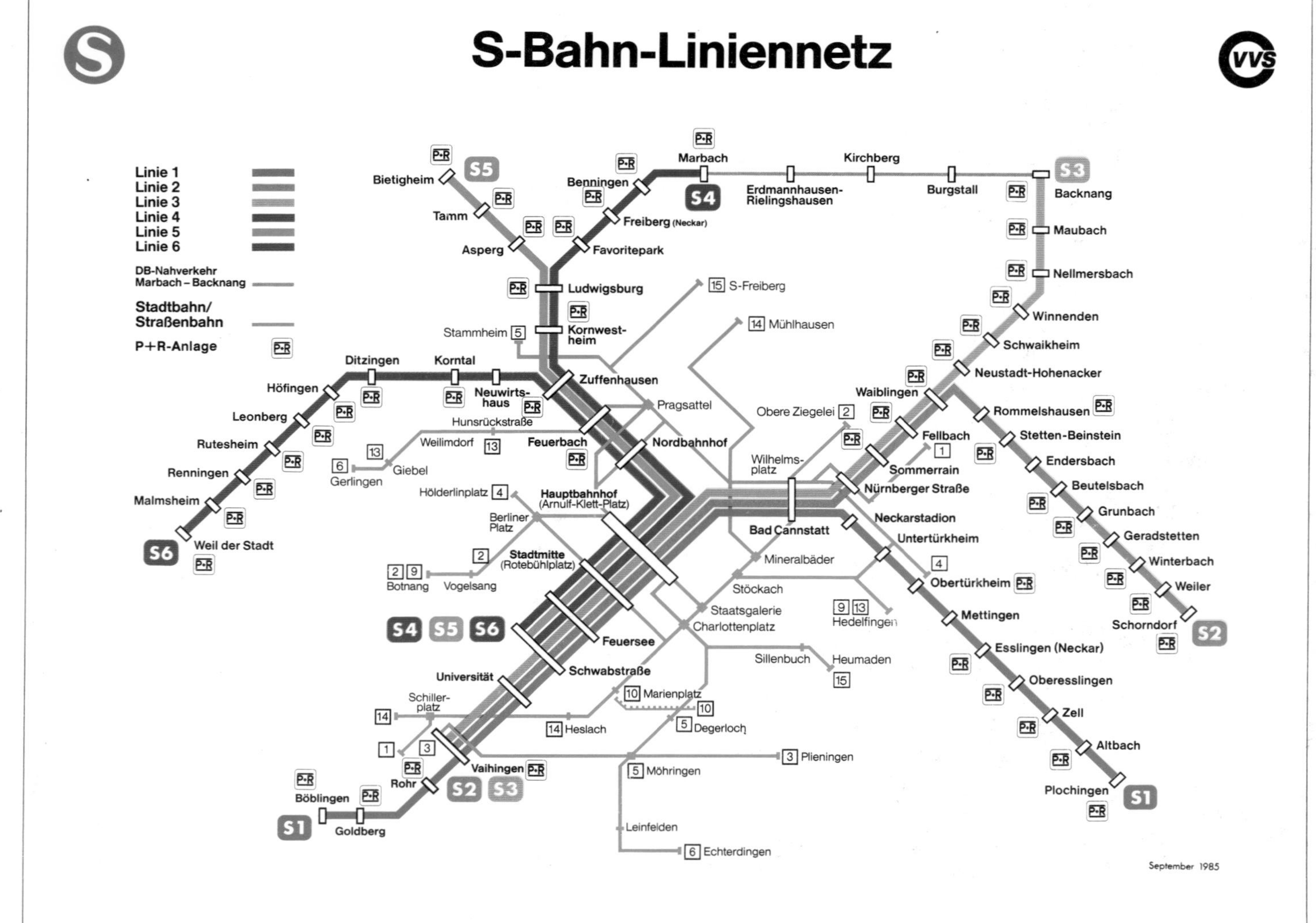
S-Bahn-Liniennetz
VVS
Linie 1
Linie 2
Linie 3
Linie 4
Linie 5
Linie 6
DB-Nahverkehr Marbach – Backnang
Stadtbahn/ Straßenbahn
P+R-Anlage
Bietigheim
S5
Tamm
Asperg
Benningen
Marbach
S4
Freiberg (Neckar)
Favoritepark
Ludwigsburg
Kornwestheim
Erdmannhausen-Rielingshausen
Kirchberg
Burgstall
S3
Backnang
Maubach
Nellmersbach
Winnenden
Schwaikheim
Neustadt-Hohenacker
Waiblingen
Rommelshausen
Stetten-Beinstein
Endersbach
Beutelsbach
Grunbach
Geradstetten
Winterbach
Weiler
Schorndorf
S2
15 S-Freiberg
14 Mühlhausen
Stammheim 5
Zuffenhausen
Pragsattel
Obere Ziegelei 2
Fellbach
Sommerrain
Nürnberger Straße
Ditzingen
Korntal
Neuwirtshaus
Höfingen
Leonberg
Rutesheim
Renningen
Malmsheim
S6
Weil der Stadt
Hunsrückstraße
Weilimdorf 13
Giebel
Gerlingen
Feuerbach
Nordbahnhof
Wilhelmsplatz
Bad Cannstatt
Neckarstadion
Untertürkheim
Obertürkheim
Mettingen
Esslingen (Neckar)
Oberesslingen
Zell
Altbach
Plochingen
S1
Hölderlinplatz 4
Hauptbahnhof (Arnulf-Klett-Platz)
Berliner Platz
Mineralbäder
Stöckach
Staatsgalerie
Charlottenplatz
Hedelfingen
Stadtmitte (Rotebühlplatz)
Botnang
Vogelsang
S4
S5
S6
Feuersee
Schwabstraße
Universität
Sillenbuch
Heumaden
Schillerplatz
10 Marienplatz
10
14 Heslach
5 Degerloch
3 Plieningen
Vaihingen
5 Möhringen
Rohr
S2
S3
Böblingen
Goldberg
S1
Leinfelden
6 Echterdingen
September 1985